LIDERANÇA E COMUNICAÇÃO INTERNA

FACES DA CULTURA E DA COMUNICAÇÃO ORGANIZACIONAL

6

LIDERANÇA E COMUNICAÇÃO INTERNA

Marlene Marchiori (org.)

Copyright © 2014 Difusão Editora e Editora Senac Rio de Janeiro. Todos os direitos reservados. Proibida a reprodução, mesmo que parcial, por quaisquer meio e processo, sem a prévia autorização escrita da Difusão Editora e da Editora Senac Rio de Janeiro.

ISBN: 978-85-7808-175-1
Código: COFAV6T2E1I1

Editoras: Michelle Fernandes Aranha e Karine Fajardo
Gerente de produção: Genilda Ferreira Murta
Coordenador editorial: Neto Bach
Assistente editorial: Karen Abuin
Copidesque: Jacqueline Gutierrez
Revisão: Cristina Lavrador Alves e Cecilia Setubal
Capa: Cristina Thomé (Visualitá)
Ilustrações de capa: Detalhe da obra "Tramas abstratas I" – 2009, do artista plástico José Gonçalves
(www.josegoncalves.art.br)
Projeto gráfico e editoração: Roberta Bassanetto (Farol Editorial e Design)

Dados Internacionais de Catalogação na Publicação (CIP)
(Câmara Brasileira do Livro, SP, Brasil)

Liderança e comunicação interna / Marlene Marchiori (org.). – 1. ed. – São Caetano do Sul, SP: Difusão Editora; Rio de Janeiro: Editora Senac Rio de Janeiro, 2014. – (Coleção faces da cultura e da comunicação organizacional; v. 6)

Vários autores
Bibliografia.
ISBN 978-85-7808-102-7 (obra completa)
ISBN 978-85-7808-175-1 (v. 6)

1. Comunicação e cultura 2. Comunicação nas organizações 3. Cultura organizacional 4. Liderança I. Marchiori, Marlene. II. Série.

14-01348   CDD-658.45

Índices para catálogo sistemático:
1. Cultura e comunicação organizacional: Administração 658.45

Impresso no Brasil em abril de 2014.

SISTEMA FECOMÉRCIO-RJ
SENAC RIO DE JANEIRO
Presidente do Conselho Regional: Orlando Diniz
Diretor-Geral do Senac Rio de Janeiro: Eduardo Diniz
Conselho Editorial: Eduardo Diniz, Ana Paula Alfredo, Marcelo Loureiro, Wilma Freitas, Manuel Vieira e Karine Fajardo

Editora Senac Rio de Janeiro
Rua Pompeu Loureiro, 45/11º andar – Copacabana
CEP 22061-000 – Rio de Janeiro – RJ
comercial.editora@rj.senac.br | editora@rj.senac.br
www.rj.senac.br/editora

Difusão Editora
Rua José Paolone, 72 – Santa Paula
CEP 09521-370 – São Caetano do Sul – SP
difusao@difusaoeditora.com.br – www.difusaoeditora.com.br
Fone/fax: (11) 4227-9500

Dedico esta coleção
a minha filha Mariel.

Sumário

Agradecimentos.. 9

Sobre os autores 11

Apresentação da coleção 17

Apresentação da face.. 23

Ensaio – Cultura, liderança e comunicação.. 33

Capítulo 1 – Relações de liderança e cultura organizacional.............. 35
    Patricia M. Sias
    Irina Kopaneva

Capítulo 2 – As múltiplas faces da liderança nas organizações:
    o indivíduo, o grupo e a estrutura 49
    Sérgio Alves

Capítulo 3 – Comunicação e reflexividade nas organizações 63
    Regiane Regina Ribeiro
    Marlene Marchiori
    Miguel L. Contani

Capítulo 4 – Liderança transformacional: reciprocidade
    pela ação comunicativa 79
    Fabio Vizeu

Capítulo 5 – Liderança e poder: um enfoque comunicacional............ 93
    Sidineia Gomes Freitas

Capítulo 6 – Comunicação interna: um fator estratégico no sucesso dos negócios 107

Marlene Marchiori

Capítulo 7 – Redes formais e informais por um diálogo interno mais eficaz 127

Giselle Bruno Grando

Capítulo 8 – A hierarquia e seus descontentamentos 141

John Child

Suzana Braga Rodrigues

Estudo de caso 1 – Tetra Pak: comunicação de liderança 163

Elisa Prado

Estudo de caso 2 – Natura: comunicação interna 173

Renata Barbosa

Roteiro para análise da face 183

Marlene Marchiori

Agradecimentos

Obrigada pelo envolvimento, pelo aprendizado e pelas contribuições de cada autor, pesquisador, colega e executivo de comunicação, pessoas que possibilitaram tornar a coleção *Faces da cultura e da comunicação organizacional* instigante e desafiadora.

Dirijo meu reconhecimento e agradecimento especial aos orientadores Mike Featherstone, Patrice M. Buzzanell, Sergio Bulgacov e Sidineia Gomes Freitas, os quais marcaram minha trajetória. Sou grata ainda à dedicação de Ana Luisa de Castro Almeida e ao apoio dos colegas Eda Castro Lucas de Souza, Eni Orlandi, Fabio Vizeu, Ivone de Lourdes Oliveira, Miguel L. Contani, Paulo Nassar, Regiane Regina Ribeiro, Suzana Braga Rodrigues, Vera R. Veiga França e Wilma Vilaça, e dos alunos de pós-graduação e de iniciação científica dos grupos de pesquisa que lidero.

Agradeço ao empresário Luiz Meneghel Neto e à executiva Michelle Fernandes Aranha – que, com visões empreendedoras, sempre acreditaram e incentivaram o desenvolvimento dos estudos nesse campo –, e ao apoio e ao envolvimento das equipes da Difusão Editora e da Editora Senac Rio de Janeiro.

Sobre os autores

Elisa Prado

Com ampla expertise em planejamento e gestão de projetos de Comunicação para gestão da Reputação de Marcas, atua em empresas multinacionais e agências de propaganda e relações públicas desde 1983. É diretora de Comunicação da Tetra Pak desde agosto de 2006, sendo esta sua segunda passagem, pois, entre 1993 e 1997, foi gerente de comunicação corporativa da empresa. No cargo atual, a executiva está no comando das áreas de Comunicação Corporativa, Interna e Externa, sendo responsável pelos países das Américas Central e do Sul.

Fabio Vizeu

Doutor em Administração de Empresas pela Escola de Administração de Empresas de São Paulo da Fundação Getulio Vargas (FGV-Eaesp). Atualmente, é professor do programa de pós-graduação em Administração da Universidade do Grande Rio (Unigranrio). É membro do comitê científico da divisão de Estudos Organizacionais da Associação Nacional de Pós-Graduação e Pesquisa em Administração (Anpad). Nos últimos anos, tem atuado ativamente no ensino e na pesquisa nas áreas de organizações e estratégia, tendo publicado em importantes periódicos da área. Seus principais interesses de pesquisa são os presentes nas abordagens de pesquisa alternativas ao *mainstream*, especialmente a questão da ação comunicativa, na perspectiva do filósofo alemão Jürgen Habermas.

Giselle Bruno Grando

Relações-públicas, mestre em Comunicação e Semiótica pela Pontifícia Universidade Católica de São Paulo (PUC-SP). Diretora de Planejamento da Brava! Comunicação e docente do programa de pós-graduação do Instituto de Estudos Avançados e Pós-Graduação (Esap/Londrina).

Irina Kopaneva

É Ph.D. pela Edward R. Murrow College of Communication, da Washington State University, nos Estados Unidos. Sua pesquisa se concentra em visão corporativa e discurso da missão. Ela também se interessa por identidade organizacional, cultura organizacional e liderança.

John Child

Detentor dos títulos de MA, Ph.D., Sc.D. e FBA, é professor emérito na University of Birmingham, no Reino Unido, e professor visitante no Brasil e na China. Foi reitor da Aston Business School, no Reino Unido, diretor do China-Europe Management Institute, em Pequim (China), e professor emérito de Gestão na University of Cambridge, no Reino Unido. Membro da Academy of Management, da Academy of International Business e da British Academy of Management, foi eleito, em 2006, membro da British Academy (FBA). Publicou vinte livros e aproximadamente 150 artigos e capítulos de livros. Suas obras mais recentes incluem *Cooperative Strategy* (em coautoria com David Faulkner e Stephen Tallman) e *Corporate Co-evolution* (em coautoria com Suzana Braga Rodrigues), com a qual foi premiado pela Academy of Management Terry Award, em 2009. Foi editor-chefe da *Organization Studies* e editor-sênior da *Management and Organization Review*. Sua pesquisa volta-se principalmente aos campos de organização e negócios internacionais. Tem interesse particular em como a organização contribui para os problemas da sociedade moderna e em como pequenas empresas se internacionalizam.

Marlene Marchiori

Concluiu o pós-doutorado em Comunicação Organizacional na Brian Lamb School of Communication, da Purdue University, nos Estados

Unidos. Doutora pela Universidade de São Paulo (USP), com estudos desenvolvidos no Theory, Culture and Society Centre da Nottingham Trent University, no Reino Unido. Graduada em Administração e em Comunicação Social – Relações Públicas, é pesquisadora líder do Conselho Nacional de Desenvolvimento Científico e Tecnológico (CNPq) nos grupos de estudos Comunicação e Cultura Organizacional (Gefacescom) e Comunicação Organizacional e Relações Públicas: perspectivas teóricas e práticas no campo estratégico (Gecorp). Professora sênior da Universidade Estadual de Londrina (UEL). Autora do livro *Cultura e comunicação organizacional: um olhar estratégico sobre a organização*, e organizadora das obras *Comunicação e Organização: reflexões, processos e práticas*; *Redes sociais, comunicação, organizações*; e *Comunicação, discurso, organizações*.

Miguel L. Contani

Mestre em Educação pela Universidade Federal do Paraná (UFPR). Doutor em Comunicação e Semiótica pela Pontifícia Universidade Católica de São Paulo (PUC-SP). Docente da Universidade Estadual de Londrina (UEL), no Paraná, nas disciplinas Teoria da Comunicação, Estética da Comunicação e Semiótica. Tem experiência em comunicação organizacional. Na UEL, atua também na docência do curso de mestrado em Comunicação e é membro da comissão de pesquisa do departamento de Comunicação e do Centro de Estudos de Educação, Comunicação e Artes.

Patricia M. Sias

É professora da Edward R. Murrow College of Communication, da Washington State University, nos Estados Unidos, e sua pesquisa se concentra em relacionamentos no local de trabalho. Foi presidente da Organizational Communication Division da National Communication Association, conquistando vários prêmios de melhor artigo nessa divisão. É autora de diversas matérias em importantes periódicos, de capítulos de livros e da obra *Organizing Relationships: traditional and emerging perspectives on workplace relationships*, publicada pela Sage.

Regiane Regina Ribeiro

Doutora em Comunicação e Semiótica pela Pontifícia Universidade Católica de São Paulo (PUC-SP). Mestre em Comunicação e Semiótica pela PUC-SP. Graduada em Comunicação Social – Relações Públicas –, é líder do Grupo de Pesquisa Comunicação, Educação e Organizações, do Conselho Nacional de Desenvolvimento Científico e Tecnológico (CNPq), e colaboradora do Grupo de Estudos Comunicação Organizacional: estratégias e processos. Professora adjunta da Universidade Federal do Paraná (UFPR) e professora permanente do mestrado em Comunicação na linha de pesquisa Comunicação, Educação e Formações Socioculturais. Tem experiência na área de Comunicação, com ênfase em Teorias da Comunicação, Relações Públicas e Estudos da Linguagem, atuando, principalmente, nos seguintes temas: Comunicação e Educação, Comunicação Organizacional e Linguagem e Discurso.

Renata Barbosa

Relações-públicas, com especialização em Administração de Empresas, é, desde abril de 2012, gerente de Comunicação Interna da Natura. Está nessa empresa há oito anos, durante os quais atuou em áreas como Marketing Institucional, Marca e Cultura.

Sérgio Alves

Doutor em Sociologia, mestre em Administração e especialista em Cultura Corporativa, administrador e engenheiro, é professor titular de graduação, mestrado e doutorado em Administração da Universidade Federal de Pernambuco (UFPE). Ocupou cargos de direção em várias entidades públicas e é autor de diversas obras, capítulos de livros e de artigos nas áreas de Análise Organizacional, Estrutura e Cultura das Organizações.

Sidineia Gomes Freitas

É professora titular do Programa de Pós-Graduação em Ciências da Comunicação da Escola de Comunicações e Artes da Universidade de São Paulo (ECA-USP). Durante suas duas gestões como presidente do Conselho

Federal dos Profissionais de Relações Públicas, desenvolveu o movimento Parlamento Nacional de Relações Públicas. Coordenou a Comissão de Especialistas em Comunicação na Secretaria de Educação Superior do Ministério da Educação (Sesu/MEC), na qual foi responsável pelo documento Diretrizes Curriculares para o campo da Comunicação Social. Acumula 35 anos de experiência em ensino superior, ao longo dos quais ocupou cargos de coordenação, chefia de departamento e direção. Trabalhou na área de Comunicação nas iniciativas pública e privada, em empresas como York S/A Ind. e Comércio, Eucatex S/A e Centro Tecnológico para Informática. Autora de livros e vários artigos, recebeu prêmios no campo acadêmico como professora e orientadora, entre os quais o primeiro Prêmio Opinião Pública (POP) Nacional (troféu Vera Giangrande), em 2005. É consultora na área de Comunicação Organizacional.

Suzana Braga Rodrigues

Professora titular da Rotterdam School of Management, na Erasmus University, na Holanda, e professora da Fundação Mineira de Educação e Cultura (Fumec). Foi professora titular da Universidade Federal de Minas Gerais (UFMG) e da University of Birmingham, no Reino Unido. Foi também professora visitante da University of Cambridge, na Inglaterra, e da GuangHua School of Management, na China. É autora de cinco livros e sessenta artigos publicados no Brasil e no exterior. Em 2009, recebeu da Academy of Management um prêmio por sua contribuição ao avanço do conhecimento em administração pelo livro *Corporate Co-evolution: A Political Perspective* (em coautoria com John Child).

Apresentação da coleção

Para absorver a multiplicidade e a divergência das faces da cultura e da comunicação, torna-se indispensável reexaminar conceitos e conferir-lhes novas leituras. Com esse propósito, foi criado, na Universidade Estadual de Londrina, o Grupo de Estudos Comunicação e Cultura Organizacional (Gefacescom), certificado institucionalmente no Conselho Nacional de Desenvolvimento Científico e Tecnológico (CNPq) e, nesse contexto, indispensável à visão das organizações como expressividade de cultura e comunicação.

Nessa ótica, as organizações se mostram inseridas em um mundo permeado de símbolos, artefatos e criações subjetivas ao qual chamamos de Cultura, sendo a comunicação constitutiva desses espaços realizada mediante processos interativos. Essas abordagens nos levam a compreender como organizações são constituídas, nutridas, reconstruídas e transformadas. Conhecer as implicações dos conceitos comunicação e cultura é concentrar o olhar na perspectiva processual que a cada movimento emerge em um novo contexto, um novo sentido, que se ressignifica, se institui e reinstitui nas interações, ajudando a entender os contextos, as decisões, os múltiplos ambientes e as potencialidades vivenciadas nas organizações.

A discussão da cultura na sociedade foi revelada em 1871 por Edward B. Tylor. Já no contexto organizacional, a expressão "cultura de empresa" surgiu na década de 1950 com Elliott Jaques (1951). Na década de 1980, Linda Smircich (1983) agrupou em duas as abordagens epistemológicas e metodológicas adotadas por pesquisadores: cultura concebida como variável; e cultura compreendida como metáfora da organização.

A primeira abordagem, com influência do paradigma funcionalista, trata da chamada Cultura Organizacional (CO) como aspecto que a organização tem. A segunda abordagem, com raízes no paradigma interpretativo, lida com a cultura como algo que uma organização é (SMIRCICH, 1983); por isso, trata a Cultura nas Organizações (CNO) (ALVESSON, 1993). Essa última definição é mais abrangente que a primeira, pois pressupõe uma ação do indivíduo no processo, sugerindo, assim, falar-se de **CulturaS**[1] nos ambientes organizacionais em razão da multiplicidade de pessoas que, ao interagirem, fomentam diferentes formas de ser, fazendo emergir diversidades e diferenças, e não uma visão única de cultura. Assim, abordagens no campo interpretativo, crítico e pós-moderno[2] vão além da visão de cultura como variável (paradigma funcionalista) e suscitam reflexões e instigam o desenvolvimento de novas pesquisas teóricas e empíricas nos estudos organizacionais e comunicacionais.

Essas diferentes concepções fazem considerar organizações ambientes dinâmicos, interativos, discursivos, com elementos constituintes (essenciais) e constitutivos (meios e recursos) no processo de criação e de consolidação de realidades. É fundamental admitir que se vivenciam múltiplas culturas. A realidade é maleável, construída pelos indivíduos por meio de dinâmicas, processos, práticas e relacionamentos que se instituem socialmente.

Uma pessoa se revela como ser social em sua relação com outras. Dessa forma, emerge nas organizações um processo contínuo e ininterrupto de construção de culturas. Esses contextos constituídos na interação fazem sentido em determinado ponto e ascendem ao estatuto de processos institucionalizados até que o próximo questionamento dissolva essa cadeia de equilíbrios e produza uma espiralação que coloca a realidade grupal em patamar distinto daquele em que todos se encontravam.

Essa visão contemporânea modifica radicalmente a noção de cultura no contexto organizacional e de relacionamento natural com todas as áreas e os processos de construção coletiva, de onde surgem as inúmeras faces e interfaces que assume.

Ao longo dos dez volumes, ou das dez faces, desta coleção, amplia-se o olhar sobre as possibilidades de produção das interpretações possíveis de cultura, ultrapassando a abordagem de considerá-la uma variável controlada pela organização de acordo com os valores definidos pela alta direção ou pelos fundadores. A coleção desvenda e identifica múltiplas

---

[1] Nota das editoras: grifo da autora para enfatizar o plural, fazendo compreender que não há uma única cultura, mas várias.
[2] Nota da autora: paradigmas tratados no Volume 3 desta coleção.

faces, as quais possibilitam revelar conhecimentos diversificados das realidades organizacionais, com linguagem e conteúdos próprios. A face é uma singularidade, marcadora de identidade(s). Em decorrência de uma abordagem multiparadigmática, as faces podem inter-relacionar-se, possibilitando, pelas proximidades e conexões, diálogos diversificados e análises ainda mais amplas da cultura e da comunicação nas interfaces.

A teoria das faces defendida por Erving Goffman (1967) lembra que as pessoas tendem naturalmente a experimentar uma resposta emocional quando estão em contato com outras. Nesse contexto, o termo face representa "o valor social positivo que uma pessoa reclama para si por meio daquilo que os outros presumem ser a linha por ela tomada durante um contato específico" (GOFFMAN, p. 76). Dentro dessa ótica, a face é um constructo sociointeracional, uma vez que depende do outro. Uma face não se constitui no isolamento. Ela se faz "em" comunicação e no bojo das relações com o outro – trazendo as marcas dessas relações. A comunicação dá origem à dimensão do "quem somos", isto é, uma identidade que se institui e se reinstitui nas conversações – resultado de uma comunicação processual que dá alma aos fragmentos que, no seu interior, interagem.

O significado constituído por um grupo pode não ser o mesmo para outro; ainda assim, as diferenças convivem e interatuam. Então, pode-se dizer que há uma imbricação entre cultura e comunicação; nenhuma se sobrepõe à outra, uma vez que cultura interpenetra comunicação, ao mesmo tempo que comunicação interpenetra cultura.

Essa inter-relação envolve uma variedade de faces que devem ser observadas em conjunto para que sejam compreendidas adequadamente. Esta coleção revela as faces e interfaces que a cultura e a comunicação assumem no mundo das organizações. Com abordagens teóricas e práticas, apresentam-se ao leitor pensamentos contemporâneos, que ajudam a ampliar o conhecimento, e relatos de casos de empresas, que aproximam e integram os campos acadêmico e profissional. O conjunto da obra, na sua complexidade, procura refletir sobre variáveis diferentes de análise, na tentativa de instituir um diálogo entre as faces.

Comunicação em interface com cultura

Alude ao olhar para as organizações como processo, o que implica uma visão da comunicação interativa – construção de sentido entre sujeitos interlocutores. A cultura é um processo que se cria e se recria a cada nova dinâmica social, sujeita à intencionalidade do ato humano. **Casos Vale e Gerdau.**

Estudos organizacionais em interface com cultura

Essa face leva o mundo dos negócios a refletir sobre o valor do homem e suas relações nesse contexto sócio-histórico, não prevalecendo uma visão unificada da cultura, mas múltiplos processos simbólicos. **Caso Odebrecht.**

Perspectivas metateóricas da cultura e da comunicação

Ao compreender cultura e comunicação como constructos, amplia a reflexão metateórica sobre os estudos nesse campo ao considerar as perspectivas epistemológicas funcionalista, interpretativa, crítica e pós-moderna, sem o julgamento de valor de que uma perspectiva seja melhor ou mais adequada que outra. **Caso Matizes Comunicação.**

História e memória

Contempla o processo de formação da cultura como articulação da presença do indivíduo em relação ao outro ao discutir a história oral, aquela que considera os elementos humanos na sua constituição, sendo sua matéria-prima a memória, a identidade e a comunidade. **Caso Votorantim.**

Cultura e interação

O olhar recai sobre processos simbólicos e práticos, assumindo a interação como um aspecto intrínseco às organizações. São processos criados e nutridos pelos sujeitos múltiplos, os quais assumem papéis estratégicos na comunicação e posições enunciativas heterogêneas. **Caso Basf.**

Liderança e comunicação interna

Evidencia uma descentralização nos ambientes organizacionais ao expandir a visão de relacionamentos pela qual líderes e liderados realizam mudanças. Ganha destaque a comunicação interna que privilegia a constituição dos espaços de fala. **Casos Tetra Pak e Natura.**

Linguagem e discurso

A instância discursiva é um elemento da vida social, pois as práticas simbólicas são continuamente constituídas ao colocar a linguagem em funcionamento nas situações de fala que ocorrem no dia a dia das organizações. **Caso Braskem.**

Contexto organizacional midiatizado

Mídia é entendida como o principal agente contemporâneo de circulação e interconexão de fluxos humanos, materiais e imateriais. **Caso Fiat.**

Conhecimento e mudança

O conhecimento se constitui com base na ação dos sujeitos, ou seja, organizações são dependentes do ser no processo de construção do saber. **Casos Embraco e Itaú-Unibanco.**

Sociedade, comunidade e redes

Reacende o valor das discussões, dos intercâmbios e revela organizações como conjunto de elementos humanos e não humanos que englobam atores, redes e processos comunicacionais. **Casos Samarco e Fundação Dom Cabral.**

Ocorre uma abordagem de ímpeto inovador no campo dos estudos organizacionais e da comunicação quando se suscitam debates e reflexões sobre as diversas faces. Para compor o todo, esta coleção reúne acadêmicos, pesquisadores e executivos de comunicação, reconhecidos nacional e internacionalmente, testemunhas de uma nova realidade: a da cultura e da comunicação como temas conexos. Realidade que desafia os leitores a ressignificar.

Marlene Marchiori

Referências

ALVESSON, M. *Cultural perspectives on organizations.* Cambridge: Cambridge University Press, 1993.

GOFFMAN, E. On face-work, an analysis of ritual elements in social interaction. In: GOFFMAN, E. (ed.). *Interaction ritual.* Nova York: Pantheon Books, 1967.

JAQUES, E. *The changing culture of a factory*: a study of authority and participation in an industrial setting. Londres: Tavistock, 1951.

SMIRCICH, L. Concepts of culture and organizational analysis. *Administrative Science Quarterly*, v. 28, n. 3, p. 339-358, set./dez. 1983.

TYLOR, E. B. *Primitive culture*: researches into the development of mythology, philosophy, religion, languages, art and customs. Londres: John Murray, Albemarle Street, 1871.

Apresentação da face

Este volume, ou esta face, *Liderança e comunicação interna*, evidencia uma descentralização nos ambientes organizacionais, na medida em que expande a visão dos relacionamentos para além do principal executivo. Assim, ressalta-se a presença de diferentes indivíduos que assumem uma posição de responsabilidade e de liderança, ao influenciarem e serem influenciados por outros indivíduos no processo de gestão das organizações. Essa visão de múltiplos sujeitos em relacionamentos se faz presente na abordagem de Yukl (2006), ao discorrer sobre a influência multidirecional na qual líderes e liderados realizam mudanças reais. Sias (2009) afirma que o desenvolvimento de relacionamentos é um processo comunicacional, o que implica qualidade de informações, trocas contínuas e diálogo, e sugere compreender as relações entre líderes e liderados como socialmente construídas durante conversações rotineiras (FAIRHURST, 2007). Chamo a atenção nesse contexto, por exemplo, para ambientes que se formam com base na atuação das pessoas. São essas ações que, ao se transformarem em atitudes, exigem das organizações determinadas estruturas. Por conseguinte, os indivíduos podem influenciar as organizações na criação e sustentação das estruturas organizacionais, e no momento seguinte, serem influenciados pelas estruturas que ajudaram a construir.

Este volume, o sexto da coleção *Faces da cultura e da comunicação organizacional*, conta com a participação de Child e Rodrigues, que aprofunda de forma crítica o debate ainda incipiente sobre hierarquias e aponta caminhos para essa análise, no sentido de mitigar os efeitos negativos da hierarquia organizacional.

Esses, entre outros desafios nesse campo, sugerem um novo olhar sobre como as culturas se formam, entendendo que os indivíduos em suas interações inovam e criam a cada instante, por meio de suas conversações e atitudes, diferentes realidades, as quais fazem sentido aos que as criaram à medida que encontram sintonia no pensar e no agir. Assim, novas relações constituem novas realidades organizacionais. Esse processo reacende a preocupação da cultura ser "constituída na ação" enfatizada, neste volume, por Sias e Kopaneva. A "construção social" da cultura e da liderança, conforme ressaltado por essas autoras, leva-nos a ponderar sobre a concepção de liderança como ação simbólica (PFEFFER, 1981). Faz-se notório o fato de que os estudos da liderança e da comunicação sejam temáticas complexas.

Em uma perspectiva clássica, liderança é a habilidade de influenciar pessoas. Como será apontado por Vizeu, está se falando de líderes e não de gestores. Robinson (2001) acresce a essa visão a gestão de significados entre pessoas, o que instiga uma dimensão mais subjetiva da liderança. Assim, nosso olhar sugere uma abordagem que interconecte liderança, relacionamento e construção simbólica, desenvolvendo estudos que aprofundem tal relação.

No campo das organizações, são cinco as propostas para os estudos de liderança, a saber: (1) a que enfatiza os traços de personalidade; (2) a liderança situacional; (3) a abordagem do comportamento; (4) a da influência de poder; e (5) a integradora. Fairhurst (2007, p. 13), com o intuito de mover a liderança para um "processo organizativo", propõe uma visão inovadora – "liderança discursiva" (FAIRHURST, 2008, p. 511) –, que tem ampliado as descobertas ao considerar o discurso o objeto central de estudo, e o texto e o contexto, o enfoque analítico. Essa posição é oposta à corrente dos estudos sobre liderança na psicologia que observa o teatro mental como objeto e a variável analítica como enfoque entre as principais diferenças (FAIRHURST, 2008). Essa autora, por sua vez, concentra sua análise na lente discursiva nos estudos da liderança e, com base nessa preocupação, apresenta os conhecimentos sobre liderança que podem ser obtidos quando contrapõe a lente discursiva aos estudos da psicologia, e, dessa visão, cria novos entendimentos sobre aspectos sociais e comunicativos da liderança. Sob essa ótica, liderança discursiva é um processo socialmente construído pelo discurso (FAIRHURST, 2007).

Nesses ambientes, observa-se uma forma única de colaboração e de controle, o que redefine controle como "interativo e personalizado, ao invés de competitivo e distante" (PARKER apud SIAS, 2009, p. 24), cujas práticas comunicacionais são: "comunicação interativa, mudança nos outros para produzir resultados, comunicação aberta, participação nos processos de tomada de decisão, e expansão efetiva das fronteiras" (SIAS, 2009, p. 24). Destacam-se, assim, os estudos relativos aos relacionamentos, às conversações, aos textos, compreendendo que o falar não se constitui somente no agir e sim no interagir (GRAMACCIA, 2001). Garfinkel (1967) enfatiza que a ação é organizada do significado. Nesse sentido, ressalta-se a transacionalidade da comunicação, aquela que cria e recria continuamente significados no interagir dos indivíduos. Estudos no campo da liderança comunicacional (BARGE, 1994; BARRET, 2008; FAIRHURST; SARR, 1996; MULLER, 2006; ZALABAK, 2006) podem ser contribuições que nos provoquem a desvendar o valor dos relacionamentos entre líderes e liderados.

São ambientes que nos desafiam a ponderar sobre a liderança transacional e a transformacional, aqui apresentadas e discutidas em profundidade por Vizeu. Parece-nos que os desafios são intensos, no sentido de se criarem "valores coletivos substantivos", em que o meu "eu" se desprende na busca de um "eu" coletivo, cuja experiência transforma o conhecimento e transcende o estágio em que o meu "eu" se encontrava, favorecendo assim a somatória das experiências para a compreensão de um "eu" coletivo.

Nesse sentido ressaltam-se os estudos no campo da comunicação interna, com enfoque para as relações entre líderes e liderados. Ao destacar uma perspectiva humanista da comunicação, Mumby (2010) a situa no centro da condição humana: é por meio dela que "pensamentos, sentimentos e ideias se tornam possíveis" (MUMBY, 2010, p. 6). Desse modo, o ato comunicativo "é um espaço de negociação, um lugar de exposição e discussão de interesses, divergentes e demandas diferentes, que utilizam a argumentação para buscar pontos comuns de entendimento" (OLIVEIRA, 2009, p. 60). É por meio da linguagem que os indivíduos constroem seu mundo, no qual o espaço é, antes de tudo, um universo de palavras (CHANLAT; BÉDARD, 2009, p. 127).

Relacionamentos entre líderes e liderados, a prática da reflexividade, as redes formais e informais, o desenvolvimento das habilidades comunicacionais dos indivíduos levam a vislumbrar uma perspectiva interna da comunicação nos estudos organizacionais, a qual assume um posicionamento estratégico, ou seja, de mudança do atual estágio em que as organizações se encontram. Vale, portanto, destacar a comunicação como fenômeno que constitui a própria organização, em processos de contínua negociação de significados (ASHCRAFT; KUHN; COOREN, 2009) cujos estudos conhecidos como Communication Constitutes Organization (CCO) (ASHCRAFT; KUHN; COOREN, 2009; COOREN et al., 2011;

PUTNAM; NICOTERA, 2009, McPHEE; ZAUG, 2000, 2009) ampliam essa compreensão, um debate presente em outros volumes da coleção. Neste, em especial, o olhar é voltado à comunicação interna, em uma visão que privilegia a constituição dos espaços de fala, e não a mera transmissão de informações.

Vercic, Vercic e Sriramesh (2012), por sua vez, afirmam ser a comunicação interna uma das especializações que têm crescido rapidamente no campo das relações públicas e do gerenciamento da comunicação, conforme estudos desenvolvidos nos Estados Unidos e na Europa. As pesquisas da International Association of Business Communicators (IABC) e da Associação Brasileira de Comunicação Empresarial (Aberje) revelam a preocupação das organizações com os processos de comunicação interna, além de demonstrar seu crescimento.

Cabe enfatizar que uma organização é dependente das ações de seus funcionários. Nesse sentido, são fundamentais o estudo e a compreensão de que é justamente nesse espaço que se formam a cultura e a identidade das organizações. Essas, ao se projetarem quanto à imagem e reputação, ampliam os relacionamentos com seus *stakeholders*, reveem seus processos com essas experiências, mas têm como premissa a dependência de uma atitude interna para essas realizações. Assim, a preocupação com essa face dirige-se ao valor dos relacionamentos internos e à atitude desses indivíduos, que dão forma a essa realidade socialmente construída e, ao questionar sua subjetividade, têm habilidade para ampliar relacionamentos com diferentes grupos. Desse modo, garante-se a formação de processos sociais reconhecidos pelos *stakeholders*, nos quais a credibilidade é sustentada gradativamente. São as ações desenvolvidas no cotidiano organizacional que criam o que se pode chamar de futuro de uma organização. Essa é a essência e a razão para se viver em comunicação. Nutri-la é uma questão que depende da atitude e do comprometimento das pessoas.

Cabe aqui uma referência a **Betania Tanure**, por aceitar o convite e oferecer em seu ensaio uma reflexão sobre esses temas que fundamentam a existência das organizações, questionando nossas dúvidas e certezas. A professora e consultora Tanure chama a atenção para as questões emocionais nas organizações – pessoas, cultura e liderança – e ressalta, nesse contexto, a comunicação e a confiança como possibilidade de construção do comprometimento.

Patricia M. Sias e **Irina Kopaneva** discutem os relacionamentos entre líderes e liderados, destacando-os como elementos prioritários nos processos organizacionais. No Capítulo 1, destacam ser na interação líder-membro que os indivíduos desenvolvem padrões compartilhados de pensar e de se comportar, podendo ser compreendidos como cultura. As autoras discutem, por conseguinte, o dinâmico processo de comunicação pelo qual os relacionamentos de liderança incitam culturas e ressaltam o papel da comunicação na criação e na manutenção de relacionamentos de liderança de qualidade variada. Cultura e liderança são constructos permeados pela construção social. O capítulo discute, também, a prática da visão e da missão que, quando expressas pela interação entre os membros, por meio do *framing* (FAIRHURST, 2011), tem significado, conduzindo a indagações na forma como esses processos podem ser constituídos (relações de alta qualidade) ou produzidos (relações de baixa qualidade).

Sérgio Alves discute os múltiplos significados da liderança, destacando os aspectos relacionados ao campo dos estudos organizacionais. Assim, o Capítulo 2 discorre sobre a noção de liderança na visão dos autores clássicos, discutindo as diferenças entre líder e gestor, as relações entre indivíduo e organização, demonstrando como as lideranças influenciam no desenvolvimento das culturas nos ambientes organizacionais, e enfatizando o âmbito microssocial dessas relações, no qual a comunicação e a linguagem se apresentam como elementos fundamentais de integração e socialização. Para Alves, a análise do processo de liderança engloba dimensões contravenientes, como a subjetividade e a objetividade, o agente e a estrutura, estando quase sempre associada à ocorrência de mudanças.

Regiane Regina Ribeiro, **Marlene Marchiori** e **Miguel L. Contani**, ao discutirem o processo comunicativo à luz do pensamento de J. Kevin Barge, levam os leitores ao conceito de reflexividade, o qual propõe que a prática reflexiva é uma conduta que ultrapassa a preocupação exclusivamente com o conteúdo do ato comunicativo, examinando-o como processo que envolve tempo, ritmo e contexto de informação. Objetiva-se, então, no Capítulo 3 evidenciar abordagens que não prescrevam condutas. Assim, o gestor se torna um cocriador de significado e de sentido com seu grupo, participando de modo mais fecundo de uma rede que enriquece o repertório para lidar com as diferentes situações organizacionais, ao agenciar relações dialógicas mais críticas, que certamente mobilizam o avanço e a inovação dos indivíduos nas organizações, compreendidas como formas sociais que se constituem pelas manifestações reflexivas desses indivíduos.

Fabio Vizeu, ao defender que o modelo de liderança transformacional pode e deve ser considerado com base em teorias sociais mais complexas, busca fazer uma aproximação entre esse tipo de liderança com a Teoria da Ação Comunicativa de Habermas. Nesse intento, analisa no Capítulo 4 a dicotomia entre ação estratégica e ação comunicativa, cujas orientações ao êxito e ao entendimento intersubjetivo, respectivamente, revelam os fundamentos ontológicos associados à figura do líder transacional e à do líder transformacional. Assim, ao considerar criticamente a liderança transformacional perante a Teoria da Ação Comunicativa, eleva o fenômeno da liderança ao status de relação intersubjetiva mediada pela liberdade de fala e significação. O autor ressalta que isso é possível pela análise dos mecanismos que condicionam a interação social, os quais, na perspectiva habermasiana, são livres de constrangimentos à interação comunicativa plena, situação ideal que prescinde da reciprocidade entre os agentes do processo da liderança. Essa relação dialógica entre líder e liderado orientada para o crescimento coletivo é concebida por Habermas como ação comunicativa.

Sidineia Gomes Freitas, no Capítulo 5, incorpora a comunicação como campo do conhecimento no desenvolvimento de análises sobre o desempenho dos líderes em organizações. Discute e correlaciona liderança e poder, sugerindo a valorização do homem enquanto líder e não o exercício de uma visão puramente racionalista, principalmente dos detentores do capital – os executivos. Sugere aos líderes um aprimoramento no uso da linguagem e na busca constante do amadurecimento, em favor de seus liderados. A liderança é considerada um exercício necessário na obtenção de sucesso das pessoas e das organizações, sendo prementes o dom da reflexão e a compreensão do contexto social, e, principalmente, na opinião de Freitas, o "saber ser".

Marlene Marchiori afirma, no Capítulo 6, que o recurso mais importante de uma organização são as pessoas. Pessoas são naturalmente seres sociais e, como tal, instigam relacionamentos. A comunicação interna é estratégica por concentrar questões amplas e abrangentes, sendo uma das responsáveis pela formação da cultura e da identidade da organização. Essa é uma perspectiva que exige um aprofundamento teórico das relações internas nas organizações. Assim, a comunicação interna é inerente ao processo de construção de realidades diversas, e não mais mera comunicadora de fatos que já ocorreram nos ambientes organizacionais.

Para **Giselle Bruno Grando**, as atuais tendências da administração e da gestão de pessoas têm evidenciado a necessidade de posicionar a comunicação de forma estratégica dentro das organizações. Assim, no Capítulo 7 busca instigar a discussão sobre o funcionamento e estruturação das redes de comunicação interna, por meio de uma reflexão acerca da importância das redes formais e informais como elementos constituintes e constituídos pela cultura organizacional. Grando destaca a rede informal, evidenciando a necessidade de descoberta de seu funcionamento e de sua relação com a rede formal, por meio da interação e integração das redes.

Tudo com a proposta de criação de organizações dialógicas como forma de captar o pleno potencial da rede formal e fazer o uso construtivo da rede informal.

John Child e **Suzana Braga Rodrigues** discutem o conceito de hierarquia e identificam seus vários atributos manifestos e latentes, e as razões pelas quais as hierarquias são tão persistentes. Tais atributos podem provocar e manter os chamados custos organizacionais e sociais da hierarquização. Discutem como as disfunções hierárquicas podem inibir inovações, afetar relações intraorganizacionais e criar barreiras à comunicação. Como não há tanta consciência sobre hierarquia, seus efeitos e suas consequências sociais podem ser negativos e causar danos associados à saúde e ao bem-estar dos empregados, e, até mesmo, ameaçar a legitimidade de práticas democráticas. O Capítulo 8 discute, então, a possibilidade de atenuar os aspectos negativos da hierarquia por meio de medidas compensatórias (iniciativas para "humanizar" as organizações e medidas de compensação por meio do balanceamento das práticas provenientes do topo com os arranjos que estimulam o monitoramento e participação). Na sua parte final, os autores discutem as implicações desta análise para o desenvolvimento da teoria da organização sob uma perspectiva política.

Elisa Prado, da empresa **Tetra Pak**, leva o leitor a refletir sobre os desafios que os profissionais de comunicação enfrentam em função das mudanças no cenário mundial e da disponibilidade de inúmeras ferramentas tecnológicas. O Estudo de Caso 1 revela a necessidade de proximidade, sendo o contato com os funcionários permanente e, em grande parte, realizado pelos líderes – certamente um processo de mudança de cultura, pois não há mais um único emissor de mensagens; são, sim, relações de confiança e respeito mútuo. A visão da comunicação é estratégica no sentido de instigar relacionamentos com os funcionários, desenvolvendo diversos programas que visam ao diálogo aberto e transparente. Com preocupação abrangente, a empresa utiliza-se de canais digitais por meio das ferramentas on-line, mas prioriza a presença dos líderes promovendo a proximidade nas relações líderes e liderados, cujas consequências também podem ser observadas na exposição externa da Tetra Pak. Algumas ações, segundo Prado, já apresentam histórico de sucesso desde 2010, e a frequência tende a aumentar por conta do reconhecimento e da valorização mensurada e percebida.

Renata Barbosa evidencia, no Estudo de Caso 2, o contexto e os desafios vividos hoje pela empresa **Natura** no campo da comunicação interna em um período em que a humanidade vive transições e se questiona sobre seu futuro nas relações sociais, ambientais, econômicas e culturais.

Ao compreender a comunicação como habilitadora dessas relações, sugere que é na instância interna, em um primeiro momento, que se fazem necessárias tais transformações para que esse futuro incerto esteja mais próximo. Comunicação interna é para a Natura "o principal ponto de contato da marca com o colaborador" e revela sua essência: razão de ser, crenças e visão. Com atividades iniciadas em 1991, no momento de fusão de quatro empresas que integravam o grupo Natura, foram atendidas as necessidades de informação de cada período vivido pela empresa. De uma atuação no início mais aspiracional e colaborativa, passando pelo simples – mas não menos importante – suporte à gestão, a comunicação interna da Natura hoje assume uma posição estratégica, atuando como catalisador de marca e cultura na organização.

Ao final deste volume da coleção, apresenta-se um **roteiro para análise da face** nos ambientes organizacionais.

Marlene Marchiori

Referências

ASHCRAFT, K. L.; KUHN, T. R.; COOREN, F. *Constitutional amendments*: "materializing" organizational communication. Academy of Management Annals, v. 3, n. 1, p. 1-64, 2009.

BARGE, J. K. *Leadership*: communication skills for organizations and groups. Nova York: St. Martin's Press, 1994.

BARRET, D. J. *Leadership communication*. 2. ed. Nova York: McGraw-Hill, 2008.

CHANLAT, A.; BÉDARD, R. *Palavras*: a ferramenta do executivo. In: TÔRRES, O. de L. S. (org.) O indivíduo na organização: dimensões esquecidas. São Paulo: Atlas, 2009. (Tradução de Mauro Tapias Gomes)

COOREN, F. et al. Communication, organizing, and organization: An overview and introduction to the special issue, *Organization Studies*, v. 32, n. 9, p. 1.149-70, 2001.

_____. Communication, organizing and organization: an overview and introduction to the special issue. *Organization Studies*, first published, 25 jul. 2011.

FAIRHURST, G. T. *Discursive leadership*: in conversation with leadership psychology. Thousand Oaks, CA: Sage, 2007.

_____. Discursive leadership: internal communication: definition, parameters, and the future. *Management Communication Quarterly*, v. 21, n. 4, p. 510-21, 2008.

_____. *The power of framing*: creating the language of leadership. São Francisco, CA: Jossey-Bass, 2011.

_____; SARR, R. A. *The art of framing*: managing the language of leadership. São Francisco: Jossey-Bass, 1996.

GARFINKEL, Harold. *Studies in ethnomethodology*. Englewood Cliffs, NJ: Prentice Hall, 1967.

GRAMACCIA, G. *Les actes de langage dans les organisations*. Paris: L'Harmattan, 2001.

McPHEE, R. D.; ZAUG, P. The communicative constitution of organizations: a framework for explanation. In: THE WESTERN STATES

COMMUNICATION ASSOCIATION CONVENTION, 2000, *Anais...* São Francisco, CA: Organizational Communication, 2000.

_____;_____. The communicative constitution of organizations: a framework for explanation. In: PUTNAM, L. L.; NICOTERA, A. M. (eds.) *Building theories of organization*: the constitutive role of communication. Nova York: Routledge, 2009. p. 21-47.

MULLER, K. *Organizational communication*: approaches and processes. 4. ed. Belmont: Thomson Wadsworth, 2006.

MUMBY, D. K. Reflexões críticas sobre comunicação e humanização nas organizações. In: KUNSCH, M. M. K. (org.). *A comunicação como fator de humanização das organizações*. São Caetano do Sul: Difusão, 2010. p. 19-40.

OLIVEIRA, I. de L. Objetos de estudo da comunicação organizacional e das relações públicas: um quadro conceitual. *ORGANICOM — Revista Brasileira de Comunicação Organizacional e Relações Públicas*, São Paulo, v. 6, n. 10-11, 2009.

PFEFFER, J. Management as symbolic action: the creation and maintenance of organizational paradigms. *Research in Organizational Behavior*, v. 3, p. 1-52, 1981.

PUTNAM, L. L.; NICOTERA, A. M. *Building theories of organization*: the constitutive role of communication. Nova York, NY: Routledge, 2009.

ROBINSON, V. M. J. Embedding leadership in task performance. In: WONG, K.; EVERS, C. W. (eds.). *Leadership for quality schooling*. Londres: Routledge/Falmer, 2001. p. 90-102.

SIAS, P. M. *Organizing relationships*: traditional and emerging perspectives on workplace relationships. Thousand Oaks, CA: Sage, 2009.

VERCIC, A. T.; VERCIC, D.; SRIRAMESH, K. Internal communication: definition, parameters, and the future. *Public Relations Review*, v. 38, n. 2, p. 223-30, 2012.

YUKL, G. *Leadership in organizations*. 6. ed. Nova Jersey: Pearson Education, 2006.

ZALABAK, P. S. S. *Fundamentals of organizational communication*: knowledge, sensitivity, skills, values. 6. ed. Boston: Pearson Education, 2006.

Cultura, liderança e comunicação

Compartilhar reflexões, inquietações e conceitos que formulamos ao longo da vida é uma ação de homens e mulheres corajosos. Falo de coragem como competência de agir, mesmo com medo e até sobre o medo. Precisamos dela para descortinar nosso posicionamento, nossas dúvidas e, quem sabe, algumas certezas sobre temas clássicos, como cultura organizacional e liderança.

A coragem nos ajuda a distinguir os problemas conjunturais dos estruturais, os que estão "na moda" dos clássicos, os que podemos desvendar com racionalidade e objetividade daqueles que dificilmente reconhecemos sem uso da emoção e da subjetividade. Daí em diante, é possível enxergar com clareza nossas certezas, que são poucas, e dúvidas, que se revelam inúmeras.

Nossas pesquisas têm mostrado que os desafios das organizações abrangem aspectos racionais (estratégia, estrutura e processos) e emocionais (pessoas, cultura e liderança). A responsável por magnetizar essas duas dimensões – e, se houver disciplina, as integrar – é a visão de futuro. Entre tais aspectos, os considerados *soft*, como cultura e liderança, representam grandes inquietações, tanto de empresários como de acadêmicos. Nesse contexto, as perguntas são bem mais frequentes que as respostas.

Nas empresas, aponta-se, por exemplo, a grande incoerência entre discurso e prática no comportamento dos líderes, na contramão da expectativa predominante entre seus liderados de que haja franqueza e transparência. Alguns dados trazidos por uma dessas pesquisas ilustram a situação: 58% dos respondentes afirmam que o mau desempenho das pessoas não é discutido diretamente com elas; para 26%, têm a preferência nas relações os que são amigos do chefe; outros 26% afirmam que o ambiente em sua organização é autoritário, apesar do discurso de que é democrático; 25% relatam que o chefe diz "pode decidir", mas, quando a decisão tomada é diferente da que espera, ele a altera; e 14% negam que as relações sejam respeitosas.

Pode-se considerar instantânea a associação desses dados à dificuldade de se estabelecerem relações de confiança, que têm grande importância na comunicação interna – e também com os *stakeholders*. Afinal, sem confiança, não há comprometimento; as pessoas não são impulsionadas para um objetivo comum.

O cenário apresentado dá ideia da importância da discussão sobre a comunicação no ambiente organizacional de hoje.

Os executivos dirigentes de empresas no Brasil – e, por que não dizer, os acadêmicos – evoluíram enormemente ao longo dos últimos anos. Constatei isso com muita clareza no percurso de mais de vinte anos que realizei entre instituições que fizeram parte de minha trajetória profissional – como Insead, London Business School, Brunel University, Henley Management College, Fundação Dom Cabral e PUC Minas, entre outras – e na convivência com os inúmeros executivos e empresas que tive o privilégio de conhecer de perto, seja como acadêmica, seja como consultora, seja como membro de conselhos de administração. Essa experiência mostrou claramente que nossos executivos precisam ir além, enfrentar seu maior desafio: afastar as empresas do curso natural, em busca de relações verdadeiramente sustentáveis. E à nossa academia, especialmente, cabe instigar, provocar e apoiar novas discussões, novos conceitos, novas práticas, em particular no que diz respeito à dimensão *soft* das organizações, cujo aspecto cultural me encanta e apaixona.

É com esse espírito de coragem e de generosa vontade de contribuir para o avanço da discussão de temas organizacionais que Marlene Marchiori coordena esta bela iniciativa, contando com a colaboração de parceiros de primeira linha. Com tal abordagem, este livro proporciona uma instigadora jornada. Reúne elementos que ajudam o leitor a refletir sobre sua cultura, seus valores, o significado de sua própria experiência e a diferenciar o que é moderno do que é eterno.

O leitor vai se sentir parte desta obra. Mesmo não tendo respostas para todas as questões, é possível construir com maior consciência seu destino na busca incessante de fazer as perguntas certas, de integrar as dimensões racional e emocional, de transformar, evoluir e eternizar. Um ato de coragem que traz em si a força e a energia da renovação, que nos impulsionam a ir além.

Betania Tanure
Doutora em Administração
Professora da PUC Minas e professora convidada do Insead
e da London Business School
Consultora da Betania Tanure Associados

RELAÇÕES DE LIDERANÇA E CULTURA ORGANIZACIONAL

Patricia M. Sias
Irina Kopaneva

As relações de liderança (por exemplo, relações entre supervisores e subordinados) estão entre os elementos mais importantes dos processos organizacionais. É por meio da interação entre líder e empregado que os membros organizacionais desenvolvem padrões compartilhados de pensar e se comportar – ou a cultura. As relações entre líderes e membros são, portanto, fortemente ligadas à cultura da organização em si. Este capítulo discute, assim, a dinâmica dos processos de comunicação pelos quais as relações de liderança contribuem para a cultura organizacional. Serão inicialmente definidos os conceitos de cultura e liderança, e será explicada a natureza socialmente construída desses constructos. Em seguida, serão discutidos os dois locais discursivos primários de (re)produção da cultura organizacional – missão e visão. Finalmente, serão elencados os processos pelos quais os líderes comunicam sobre a missão e a visão com seus empregados nos contextos de suas relações únicas.

Cultura e liderança

A **cultura organizacional** geralmente refere-se aos valores, crenças e pressupostos compartilhados dos membros organizacionais, bem como aos padrões e às normas de comportamento desses membros.

Especificamente, os elementos cognitivos compartilhados (por exemplo, valores, crenças e pressupostos) influenciam ou guiam o comportamento do membro (TRICE; BEYER, 1984). Empregados que, por exemplo, compartilham a crença de que as necessidades de um cliente deveriam sempre ser supridas são geralmente muito flexíveis na forma de lidar com as demandas dos clientes, tais como preços especiais, entrega e serviço.

A **liderança** refere-se geralmente ao "gerenciamento do significado" ou ao processo de dar sentido aos fenômenos organizacionais (FAIRHURST; SARR, 1996; FAIRHURST, 2010). Liderança é um processo comunicativo por meio do qual os membros constroem o entendimento compartilhado de uma questão, evento, objetivo ou situação organizacional. Ajudar os empregados a compreenderem uma nova política da empresa, por exemplo, é algo alcançado por meio da liderança. Embora todos os membros de uma organização se engajem na liderança, líderes formais (supervisores, gerentes, por exemplo) são fontes primárias de liderança. Desse modo, o foco deste capítulo é a liderança dos que estão em posições formais de autoridade – supervisores e gerentes – e, em particular, como a cultura organizacional é constituída-na-ação no contexto de suas relações com seus empregados (por exemplo, relações entre supervisores e subordinados).

A construção social da cultura e da liderança

Além dessas definições amplas de cultura e liderança, conceitualizamos ambas como fenômenos socialmente construídos. A perspectiva da construção social conceitua o mundo social como uma realidade socialmente construída e constituída na interação (ALLEN, 2005). As organizações e a cultura organizacional não existem em locais físicos; estão presentes na interação dos membros organizacionais. De forma semelhante, as relações entre supervisores e subordinados não têm espaço fora da interação dos parceiros de relação (SIAS, 2009). Em outras palavras, quando os líderes interagem com os membros e entre si, eles (re)produzem sua cultura organizacional e suas relações (SIAS, 2009). Tal conceitualização elucida a natureza dinâmica, e não estática, da cultura organizacional e das relações entre membros e líderes – à medida que a comunicação entre os membros muda, a cultura organizacional se modifica também. Da mesma forma, quando as interações entre líderes e membros mudam, alteram-se as relações entre líderes e membros.

Áreas/locais primários de construção/ produção da cultura organizacional

Somando-se a essa abordagem e no contexto das inúmeras interações diárias entre líderes e membros, a cultura organizacional é comunicativamente (re)produzida em dois discursos locais primários: visão e missão da comunicação. A seguir, será delineado o desenvolvimento conceitual da visão e missão organizacional. Serão, então, elencados como a comunicação da visão e da missão expressa os valores organizacionais e influencia o comportamento do empregado (cultura, por exemplo). Por fim, serão abordados como os líderes e os membros constroem a cultura organizacional pela missão e visão no contexto de suas relações.

No início de 1980, houve uma reviravolta nos mundo dos negócios no que diz respeito a algumas preocupações. Primeiramente, as organizações começaram a vivenciar uma desconexão entre os valores corporativos e os valores do público em geral. Como Heini Lippuner, presidente do comitê executivo da Ciba-Geigy constatou, "Os valores do público não eram mais aqueles da base da indústria" (JAMES, 1994, p. 935). Para sobreviver, as organizações precisavam falar uma linguagem de valor comum com seus públicos. Em segundo lugar, em uma era na qual se iniciou uma redução das diferenças tecnológicas entre competidores, a competição começou a se centralizar em uma autorrepresentação simbólica. Os gerentes perceberam que uma missão e uma visão fortes possibilitariam que as organizações se explicassem de modo a dar, à sua organização, uma vantagem competitiva, bem como a aumentar o comprometimento do empregado à organização e a seus objetivos (BLASI; KRUSE, 1995; LUCAS, 1999; MOWDAY; PORTER; STEERS, 1982; ROBINSON; STERN, 1997; SCHUSTER, 1998). Contudo, após uma substancial, mas breve, paixão pela missão e visão como panaceia para todos os problemas organizacionais, o interesse corporativo e acadêmico começou a diminuir. Alguns praticantes viram uma missão e uma visão como meros ornamentos no site corporativo ou em publicações organizacionais. A promessa das missões e visões, contudo, tem persistido, e acadêmicos e praticantes têm restabelecido seus interesses nessas, na esperança de explorar mais amplamente seus potenciais.

Os acadêmicos geralmente definem a visão como uma afirmação que descreve o valor de algum objetivo a ser alcançado. Como exemplo, é possível citar a visão da Wells Fargo, uma empresa americana de serviços financeiros: "Nós queremos satisfazer todas as necessidades financeiras dos nossos clientes e ajudá-los a serem bem-sucedidos financeiramente."[1] De acordo com Keyton (2005), uma visão forte tem as cinco características a seguir.

1. Fornece um sentido de direção para as pessoas da organização.

2. Gera contexto para a tomada de decisão.

3. Reflete a cultura e os valores da organização.

4. Reconhece e responde a uma questão urgente.

5. Cria um futuro ao agir no presente.

Considere, por exemplo, a visão da Corporação General Motors: "A GM visa ser a líder mundial em transporte de produtos e serviços relacionados. Nós iremos ganhar o entusiasmo dos nossos clientes por meio de melhorias contínuas voltadas para a integridade, trabalho em equipe e inovação das pessoas da GM." Essa afirmação fornece um sentido de direção – ser uma "líder mundial" e continuamente trabalhar em prol de "melhorias". A afirmação contém diversos elementos que os empregados deveriam considerar ao tomar decisões que incluem clientes, integridade e melhorias. De forma relacionada, a afirmação expressa vários valores essenciais, como inovação, trabalho em equipe, integridade e serviço ao cliente. Além disso, implica uma questão urgente ao dizer que a GM irá "ganhar o entusiasmo" do cliente, levando a crer que atualmente não ganhou isso e que a falta de entusiasmo do cliente é uma questão urgente. Ao fim, a afirmação indica que o eventual ganho do entusiasmo do cliente pode ser alcançado no presente por meio de ações como melhorias, trabalho em equipe e inovação. Para melhor compreender a interação entre esses componentes, é útil considerar como as visões operam em três dimensões de tempo: presente, futuro e passado. Na dimensão do presente, as visões organizacionais fornecem aos membros um quadro de referência para o entendimento do que a organização é no presente – seu propósito, valores, crenças e ideais. Ao agir assim, as visões não apenas fornecem informações fundamentais sobre as expectativas no trabalho, mas também facilitam o processo da identificação dos trabalhadores com a empresa no aqui e agora, e operam no nível dos símbolos e metáforas.

---

[1] Tradução livre do original: "We want to satisfy all our customers' financial needs and help them succeed financially." Disponível em: <https://www.wellsfargo.com/invest_relations/vision_values/3>. Acesso em: 30 jan. 2014.

Como Alvesson menciona: "metáforas devem ser entendidas; 'elas são erros de categoria com um propósito, loucura linguística com um método'" (ALVESSON, 2002, p. 19). A linguagem metafórica das visões é insidiosa, de engajamento, mas, ao mesmo tempo, é vaga e ambígua. A visão de "melhoria contínua" da empresa GM exemplifica esses elementos – melhoria é positiva e engajada, mas também é vaga (que tipos de melhorias, quantas melhorias, por exemplo, são tópicos deixados para a interpretação do ouvinte). A ambiguidade ajuda a visão a atingir diferentes pessoas (trabalhadores, clientes, acionistas, grupos de vigilantes e o público em geral); deixa espaço suficiente para a interpretação individual e faz com que a visão seja aplicável a uma ampla quantidade de situações. Apesar de o emocional apelar para crenças arraigadas e valores universais, o discurso da visão torna-se extremamente poderoso.

A dimensão futurista da visão (JAMES, 1994) refere-se a como a organização representa seu objetivo ideal ou seu estado futuro. Como Harvey-Jones explicou, a visão "é o relance da terra prometida que faz com que valha a pena começar a viagem" (HARVEY-JONES, 1993, p. 28). A visão da empresa Chevron, por exemplo, é "ser *a* empresa de energia global mais admirada por seus empregados, por suas parcerias e por seu desempenho".[2] Por um lado, a visão diminui uma das ansiedades humanas mais fortes – a ansiedade sobre o futuro. Por outro, a visão disciplina os membros ao "domar as imprevisibilidades humanas" (THYSSEN, 2009, p. 72). Assim, na dimensão futurista, a visão cria uma impressão de um futuro brilhante e fornece direção e orientações sobre como atingi-lo.

Por meio da visão, a cultura corporativa mostra sua dimensão retrospectiva. A Unilever, por exemplo, amarra seus objetivos futuros ao espírito do passado. Sua visão corporativa – "Ajudamos as pessoas a se sentirem bem, bonitas e a aproveitarem mais a vida com marcas e serviços que são bons para elas e para os outros"[3] – mostra como, claramente, o negócio entende os clientes do século 21 e suas vidas. O espírito dessa missão, no entanto, forma uma trama que corre pela nossa história. Como destaca Linde (2009), a história nunca é neutra ou puramente factual, portanto, a história de uma instituição organizacional é uma explicação compilada e apresentada por alguém. Quando os autores da visão contam uma história sobre como a organização começou, eles têm poder sobre o passado ao

---

[2] Tradução livre do original: "At the heart of The Chevron Way is our vision ... to be *the* global energy company most admired for its people, partnership and performance." Disponível em: < http://www.chevron.com/about/chevronway/>. Acesso em: 30 jan. 2014.

[3] UNILEVER. *Nossa Missão*. Disponível em: <http://www.unilever.com.br/aboutus/missao_e_principios/nossamissao/>. Acesso em: 31 jan. 2014.

definir esse passado. Na sua reencarnação em múltiplas interações organizacionais, a história representa o passado para os propósitos do presente e do futuro. O discurso da visão transcende os limites da afirmação da visão para se tornar o que esse autor chama de narrativa paradigmática; por exemplo, "uma unidade descontínua, consistindo das narrativas contadas em uma variedade de ocasiões dentro de uma instituição específica em que a coletividade constitui o modelo para uma carreira dentro da instituição" (LINDE, 2009, p. 142). Apesar das referências a líderes icônicos e do "charme absoluto da narração", as instituições agiam como Sherazade dos contos de *As mil e uma noites*: suas histórias tinham de ser ouvidas.

A dimensão retrospectiva da visão não é apenas sobre contar o passado, todavia. Ela também cria uma tradição hoje que pode servir como um ponto de referência no futuro. Morris argumenta que "entre os elementos mais importantes da defesa corporativa contínua, então, é o desenvolvimento de uma história social entre a entidade e seus públicos, e a energia, a criatividade, e a flexibilidade para evocar aquela história quando a necessidade chega" (MORRIS, 1997, p. 132).

As dimensões do passado, presente e futuro da visão abrangem dois grandes componentes: uma filosofia orientadora e uma imagem tangível (COLLINS; PORRAS, 1998). O primeiro é análogo a uma filosofia de vida do indivíduo. É um sistema de princípios, valores, fundamentos e propósitos claramente articulados e essenciais. O outro componente inclui uma missão (uma descrição mais concreta dos esforços e propósitos da organização) e sua descrição vívida. A Intel, por exemplo, formula uma missão para uma década: "Nesta década, criaremos e ampliaremos a tecnologia da computação para conectar e enriquecer as vidas de todas as pessoas do planeta."[4] Assim, uma visão organizacional é embasada em uma missão organizacional.

Uma afirmação de missão organizacional concede "expressões positivas dos ideais da empresa" (FAIRHURST, 1997, p. 244) em uma tentativa de "unificar os esforços de uma organização" (COLLINS; PORRAS, 1998, p. 242). Como Swales e Rogers (1995) argumentam, a afirmação da missão é uma criação discursiva desenhada para confirmar a "adesão" do empregado. A pesquisa desses autores mostra que a consolidação da missão é geralmente um lugar de conflitos de pressupostos e interesses. Por exemplo, o motivo de lucro poderia, potencialmente, minar o poder retórico da afirmação da missão, uma vez que essa é contrária ao elevado tom "ético". Por outro lado,

---

[4] INTEL. *Sobre a Intel*. Disponível em: <http://www.intel.com.br/content/www/br/pt/company-overview/company-facts.html>. Acesso em: 31 jan. 2014.

um valor ético louvável, como a responsabilidade social, outorga a noção de ética no negócio até que deixe de ser um negócio (HEATH, 2009).

Outro exemplo é a empresa Coca-Cola, que expressa sua missão na seguinte afirmação: "A empresa Coca-Cola existe para beneficiar e refrescar todos que ela toca. A proposição básica do nosso negócio é simples, sólida e ilimitada. Quando nós trazemos refresco, valor, alegria e diversão para os nossos *stakeholders*, então nós, de forma bem-sucedida, nutrimos e protegemos nossas marcas, particularmente a Coca-Cola. Esta é a chave para cumprir nossa obrigação final para gerar retornos atrativos de forma consistente para os proprietários do nosso negócio." Essa afirmação explica por que a Coca-Cola existe e expressa diversos elementos da identidade da empresa. Em contraste a uma afirmação de visão, não estabelece um objetivo para o futuro. Todavia, ter uma missão e uma visão afirmadas não significa impactar no comportamento dos empregados e nos processos organizacionais. Pesquisas indicam que a missão e a visão organizacionais são mais efetivas quando expressas de forma contínua e uniforme por meio da interação dos membros, em especial a interação entre líderes/supervisores e empregados (FAIRHURST, 1993, 2010; PANDA; GUPTA, 2003).

Interação líder-membro sobre missão e visão

Pesquisadores têm tradicionalmente argumentado que a cultura organizacional (incluindo a visão e a missão) é, em grande parte, criada e imposta por líderes. Nanus (1998), por exemplo, explicou que o líder estabelece a direção ao elaborar uma visão que crie significado para cada pessoa da organização, forneça um desafio, dê energia, traga o futuro para o presente e crie uma identidade comum. A visão do líder como força maior de condução e produtor de sentido não é incomum. Como Fairhurst frisou, "assim como um artista trabalha a partir de um conjunto de cores para pintar uma pintura, o líder, que gerencia o significado, trabalha a partir de um vocabulário de palavras e símbolos para pintar uma imagem na mente do membro" (FAIRHURST, 1993, p. 333).

De particular relevância para este capítulo, Gail Fairhurst e colegas conduziram um número considerável de pesquisas sobre como os líderes comunicam a visão e a missão a seus empregados. Tal comunicação é alcançada por meio do *framing* (enquadramento), que se refere à "habilidade de moldar o significado de um assunto, de definir seu caráter e sua significância por meio dos significados com inclusão e exclusão, bem como aquelas que nós enfatizamos quando comunicamos" (FAIRHURST, 2010, p. 212).

Assim, por meio do *framing*, os indivíduos ajudam os outros a interpretar um evento, uma situação ou uma mensagem; em outras palavras, conduzem seus significados.

Esse autor identificou "esquemas de *framing*" específicos que os líderes utilizam para comunicar a visão da organização aos empregados no processo de construir o sentido da visão durante a interação do dia a dia. Nas situações de **impasse na comunicação**, os membros expressam um pouco de confusão ou conflito em sua compreensão da visão e/ou de como a visão pode conflitar com alguns aspectos de seus papéis na organização. De acordo com Fairhurst, os líderes devem entender e reconhecer tais impasses para efetivamente resolver essas questões e seguir em direção à implantação da visão. Para resolver essas divergências na comunicação, os líderes apresentam uma variedade de "possíveis futuros" esquemas de *framing* que "refletem o trabalho 'através de' ou com 'produção de' sentido dos preditores, e mais importante, as ações futuras consistentes com a visão que são consequências lógicas do *sensemaking*" (FAIRHURST, 1993, p. 347). Um líder pode, por exemplo, usar a especificação para ajudar os membros a entenderem a visão em um nível conceitual e como a visão pode ser aplicada à ação futura. Por meio da personalização, os líderes ajudam os empregados a entender como a visão da organização se aplica a, e inclui, empregados específicos. É possível, por exemplo, um líder explicar a um empregado do setor de recursos humanos que recrutar e contratar o pessoal de manufatura qualificado é fundamental para a organização atingir "zero-defeito" em seus produtos. A **reconciliação** envolve um líder ajudar um empregado a entender o sentido do que ele percebe como sendo as inconsistências entre componentes da visão ou entre a visão e as práticas organizacionais correntes.

Os líderes utilizam uma variedade de outros esquemas de *framing* para comunicar e reforçar a visão e a missão para os empregados, além do escopo de resolver situações adversas na comunicação. Tais esquemas incluem jargões que se tornam incorporados nas interações do dia a dia, constante e repetidamente depositando um toque positivo na visão ao interagir com os empregados e incorporar a visão na teoria do agendamento (*agenda setting*) para a ação e as decisões futuras. Ao adotar, de forma contínua e consistente, o *framing* e seus esquemas específicos relacionados à visão nas conversações com seus empregados, os líderes produzem e reforçam esse componente-chave da cultura.

Relações de liderança, cultura e líder-membro

De modo geral, as opiniões expostas nos parágrafos anteriores sugerem que os líderes comunicam a visão e a missão, as quais os membros devem simplesmente aceitá-las e aplicá-las às diferentes situações. Embora seja difícil negar que a posição do líder permita definir a realidade, é importante lembrar que tal comunicação e *sensemaking* ocorrem no contexto das relações entre líderes e membros e que esse contexto desempenha um papel importante no processo de liderança. A pesquisa nessa área é embasada amplamente na teoria da troca entre líder e membro (LMX – *Leader-member Exchange*) (GRAEN; CASHMAN, 1975). Em contraste às teorias de estilo de liderança que supõem que os líderes utilizam um estilo de liderança padrão para tratar com diferentes situações (para BLAKE; MOUTON, 1964), a teoria da troca entre líder e membro entende que os supervisores cuidam de seus diversos empregados de forma diferente e que esse tratamento diferenciado (re)produz as relações entre líder e membro que variam em relação à qualidade (GRAEN; DANSEREAU; MINAMI, 1972). No geral, as relações de alta qualidade são caracterizadas por altos níveis de confiança e atenção, menos supervisão direta, maior habilidade dos empregados em negociar, em vez de simplesmente aceitar seus papéis organizacionais, níveis mais altos de apoio do líder para o membro, e maior influência do empregado na tomada de decisão do que acontece nas relações de baixa qualidade (DANSEREAU; GRAEN; HAGA, 1975).

Tendo como base as discussões deste capítulo, os supervisores desenvolvem diferentes tipos de relações com seus diversos empregados, e a natureza da comunicação e da liderança varia de relação para relação. Especificamente, a qualidade dessas relações serão distinguidas por várias práticas de comunicação (FAIRHURST, 1993). De relevância particular para a comunicação da visão e da missão, a pesquisa indica que as conversações entre os supervisores e os empregados que gostam de relações de alta qualidade tendem a demonstrar a **convergência de valor** ou a similaridade em valores entre os parceiros de relação. As conversações em tais relações também tendem a incluir a **solução de problemas não rotineiros** (comunicação em que o líder encoraja o empregado a resolver questões desafiadoras, situações e problemas percebidos como complexos e a se envolver em debates com o próprio líder). Finalmente, a **negociação de papel**, ou a comunicação pela qual o líder incentiva o membro a negociar seu papel organizacional, também é uma característica distintiva da comunicação entre os supervisores e os empregados em relações de troca entre líder e membro de alta qualidade. Em contraste, as conversações entre supervisores e empregados com baixa qualidade nas relões de troca entre líder e membro tendem a incluir mais **monitoramento do desempenho** (afirmações pelas quais o líder constitui-na-ação uma supervisão direta, ao obter informações de um empregado sobre sua própria performance), **atos de ameaça-cara-a-cara** (afirmações na forma de crítica e de repreensão) e **jogos de poder**, ou a comunicação na qual o supervisor controla a interação e extrai obediência do empregado, em vez de um entendimento mútuo genuíno.

Essas diferenças indicam que a liderança é constituída-na-ação de modo distinto em diversas relações entre supervisor e empregado. Na medida em que a missão e a visão são embasadas em valores, seu *sensemaking* é melhorado nas relações de troca entre líder e membro de alta qualidade caracterizado por convergência de valor. Somado a isso, a habilidade de se engajar em solução de problemas não rotinizados pode melhorar a capacidade do líder e do membro de dar sentido a uma visão, em conjunto, usando a criatividade e o *brainstorming*. Em contraste, tais conversações em relações de baixa qualidade são impedidas por conta da falta de convergência de valor e do controle e autoridade diretos constituídos-na-ação em monitoramento de desempenho e jogos de poder. Em resumo, conclui-se que a liderança é mais provável de envolver o *sensemaking* real e de desenvolver o entendimento compartilhado em relações de alta qualidade que em relações de baixa qualidade, nas quais os supervisores tendem mais a impor uma visão/missão a fazer com que o empregado compreenda o sentido dela. Assim, cultura em relações de alta qualidade é cocriada pelos supervisores e subordinados, como empregados, que são encorajados e têm permissão para contribuir com seus *inputs* e *frames*, e o par, em conjunto, faz sentido dos elementos culturais como missão e visão. Essa pesquisa revela a liderança como processo cocriado e constituído-na-ação, tanto pelos líderes quanto pelos empregados, nos contextos de suas relações específicas. Conforme explicitado em nossa introdução, em suas interações uns com os outros, os líderes e empregados, ambos (re)produzem a cultura (na forma de visão e missão) e (re)produzem suas relações um com o outro – relações de liderança e cultura são construções sociais recíprocas.

Conclusão

Conger (1998) observou que os líderes podem construir visões que são monumentos para eles próprios. Como resultado disso, podem se tornar ignorantes quanto a problemas e oportunidades que surjam. Tais visões geralmente não repercutem nos membros, acarretando ao líder um gasto de energia e tempo para que a visão possa ser uma prática. Além do mais, os líderes podem ignorar as implicações onerosas de seus planos, buscar uma visão prematuramente, negar as falhas da visão, tornar-se mais controladores de seu entusiasmo para decretar a visão, ignorar as ideias dos subordinados e, até mesmo, manipular os empregados por meio do "gerenciamento de impressão" e de talentos de comunicação.

Por fim, essa abordagem posiciona o líder em um lugar acima e além de todos os outros, até mesmo da cultura organizacional. Thyssen argumenta que o ideal de plano rigoroso típico para a sociedade da indústria baseou-se na "ficção impossível de que um planejador pode se tornar um Deus invisível, que planeja de fora do sistema sem ser, **ele mesmo**, planejado" (THYSSEN, 2009, p. 72, grifo do autor). Em escala mais ampla, a cultura organizacional torna-se uma forma de governança de empregado que induz os trabalhadores a uma comunidade textual compartilhada por meio de "uma história sedutora de maravilhas do local de trabalho" (BROWN, 2009, p. 176). Concordamos com muitos outros acadêmicos que, gradativamente, reconhecem que os líderes trabalham **dentro** da cultura, não nela; e que os membros não são seguidores passivos, mas clientes criativos e cocriadores, da cultura organizacional (KEYTON, 2005). A interação entre líder e membro é o espaço em que líder e membro continuamente cocriam a realidade organizacional para constituí-la-na-ação, mantê-la e passá-la a gerações futuras.

Referências

ALLEN, B. J. Social constructionism. In: MAY S.; MUMBY, D. K. (eds.). *Engaging organizational communication theory and research*: multiple perspectives. Thousand Oaks, CA: Sage, 2005. p. 35-54.

ALVESSON, M. *Understanding organizational culture*. Thousand Oaks, CA: Sage Publications, 2002.

BLAKE, R.; MOUTON, J. *The managerial grid*. Houston: Gulf, 1964.

BLASI, J.; KRUSE, D. *Employee ownership, employee attitudes, and firm performance.* Cambridge, MA: National Bureau of Economic Research, 1995.

BROWN, M. *The cultural work of corporations.* Nova York: Palgrave Macmillan, 2009.

COLLINS, J. C.; PORRAS, J. I. Organizational vision and visionary organizations. In: HICKMAN, G. R. (ed.). *Leading organizations*: perspectives for a new era. Thousand Oaks, CA: Sage Publications, 1998. p. 234-49.

CONGER, J. A. The dark side of leadership. In: HICKMAN, G. R. (ed.). *Leading organizations*: perspectives for a new era. Thousand Oaks, CA: Sage, 1998. p. 250-60.

DANSEREAU, F.; GRAEN, G.; HAGA, W. J. A vertical dyad linkage approach to leadership within formal organizations. *Organizational Behavior and Human Performance,* n. 13, p. 46-78, 1975.

FAIRHURST, G. T. Echoes of the vision: when the rest of the organization talks total quality. *Management Communication Quarterly,* n. 6, p. 331-71, 1993.

_____. Why are we here? Managing the meaning of an organizational mission statement. *Journal of Applied Communication Research,* n. 25, p. 243-63, 1997.

_____. *The power of framing*: creating the language of leadership. São Francisco: Jossey-Bass, 2010.

_____; SARR, R. A. *The art of framing*: managing the language of leadership. São Francisco: Jossey-Bass, 1996.

GRAEN, G.; CASHMAN, J. F. A role-making model of leadership in formal organizations: a developmental approach. In: HUNT J. G.; HUNT L. L. (eds.). *Leadership frontiers*. Kent, OH: Kent State University Press, 1975. p. 143-65.

_____; DANSEREAU, F.; MINAMI, T. Dysfunctional leadership styles. Organizational Behavior and Human Performance, v. 7, p. 216-36, 1972.

HARVEY-JONES, J. *Managing to survive*: a guide to management through the 1990s. Londres: Heinemann, 1993.

HEATH, E. Being serious about being good. In: FRIEDLAND, J. (ed.). *Doing well and good*: the human race of the new capitalism. Charlotte, NC: Information Age Publishing, Inc., 2009. p. 69-86.

JAMES, B. Narrative and organizational control: corporate visionaries, ethics and power. *The International Journal of Human Resource Management*, v. 5, n. 4, p. 927-51, 1994.

KEYTON, J. *Communication and organizational culture*: a key to understanding work experiences. Thousand Oaks, CA: Sage Publications, 2005.

LINDE, C. *Working the past*: narrative and institutional memory. Nova York, NY: Oxford University Press, 2009.

LUCAS, J. R. *The passionate organization*: igniting the fire of employee commitment. Nova York: AMACOM, 1999.

MORRIS, B. A. Wall Street as Main Street: a narrative approach to organizational crisis. In: HOOVER, J. D. (ed.). *Corporate advocacy*: rhetoric in the information age Westport, CT: Quorum Books, 1997. p.131-48.

MOWDAY, R. T.; PORTER, L. W.; STEERS, R. M. *Employee-organization linkages*: the psychology of commitment, absenteeism, and turnover. Nova York: Academic Press, 1982.

NANUS, B. Why does vision matter? In: HICKMAN, G. R. (ed.). *Leading organizations*: perspectives for a new era. Thousand Oaks, CA: Sage Publications, 1998. p. 231-33.

PANDA, A.; GUPTA, R. K. Why mission statements become a show piece? Case of an Indo-American joint venture. *Vikalpa*, n. 28, p. 23-47, 2003.

ROBINSON, A. G.; STERN, S. *Corporate creativity*: how innovation and improvement actually happen. São Francisco, CA: Berrtet-Koehler Publishers Inc., 1997.

SCHUSTER, F. E. *Employee-centered management*: a strategy for high commitment and involvement. Westport, CT: Quorum Books, 1998.

SIAS, P. M. *Organizing relationships*: traditional and emerging perspectives on workplace relationships. Thousand Oaks, CA: Sage, 2009.

SWALES, J. M.; ROGERS, P. S. Discourse and the projection of corporate culture: The mission statement. *Discourse and Society*, n. 6, p. 223-42, 1995.

THYSSEN, O. *Business ethics and organizational values.* Nova York: Palgrave Macmillan, 2009.

TRICE, H. M.; BEYER, J. M. Studying organizational culture through rites and rituals. *Academy of Management Review*, n. 9, p. 653-69, 1984.

AS MÚLTIPLAS FACES DA LIDERANÇA NAS ORGANIZAÇÕES: O INDIVÍDUO, O GRUPO E A ESTRUTURA

Sérgio Alves

Tendo em vista a realidade do mundo das organizações, constata-se que a importância da liderança é amiúde exaltada como um fator da maior relevância para um desempenho competitivo, muito embora não se identifique um padrão único para um líder organizacional de sucesso. Nesse sentido, por maiores que sejam o magnetismo de uma pessoa e a força de suas ideias, ela só consegue sensibilizar, mobilizar e dirigir grupos se existir um processo de liderança em que estejam presentes: uma circunstância em especial, uma personalidade extraordinária e um grupo dotado de certas estruturas interacionais.

A liderança na visão de dois clássicos

Na formação de grupos sociais dotados de razoável estabilidade e capazes de subsistir, observa-se a ocorrência de uma partenogênese, isto é, para que eles surjam e persistam, é necessário um polo instaurador. Vale dizer, a constituição do grupo se dá quando um conjunto de indivíduos põe um só e um mesmo "objeto" no lugar de seu ideal de ego. Esse objeto é representado principalmente por um líder, que personifica os anseios de mudança e se torna o ideal do "eu" dos membros do grupo, os quais, tendo ele como modelo, identificam-se entre si. Os componentes do grupo abandonam seu ideal de ego e o substituem pelo do grupo de que são parte, tal como é corporificado no líder. Em outras palavras, tem-se uma situação de "iguais que se identificam uns com os outros, mas todos desejando ser dirigidos por uma só pessoa considerada superior a todos eles" (FREUD, 1976, p. 154).

Essa identificação líder-seguidor, derivada da afeição, temor e admiração pelo chefe idealizado, leva os membros do grupo a condutas consideravelmente previsíveis e padronizadas, que, muitas vezes, traduzem-se em palavras de ordem (ENRIQUEZ, 1990). O líder é, então, uma referência daquilo que os seus seguidores desejam se tornar. Sob uma perspectiva psicanalítica, nessa relação, o líder é "aquele que opera em virtude de sua semelhança com o pai e por cujo amor a realização é levada a cabo" (FREUD, 1975, p. 140). Isso faz com que seus seguidores desenvolvam uma forte atração por ele e ajam segundo seu desígnio, ou de acordo com a missão que encarna, ou pela causa que personifica.

Com o desaparecimento da liderança, os laços entre os membros do grupo se enfraquecem e o grupo tende a se dispersar. No entanto, como alguns grupos continuam mesmo sem ele, neofreudianos substituíram esse núcleo central do argumento por uma ideia ou imagem transcendente que pode substituí-lo, na suposição de que indivíduos vão à procura de um líder, assim como em busca de sua mensagem, o que pode garantir a continuidade do grupo.

Para Weber (1999), há sempre a possibilidade de alguém convencer, seduzir e submeter à vontade de um conjunto de pessoas. Assim, o líder dotado de traços carismáticos é o núcleo de uma estrutura na qual os outros precisam dele, ao passo que ele necessita de outros enquanto coletividade. O aparecimento de um tempo de solidariedade extraordinária é creditado ao líder e depende do vínculo que se estabelece entre ele e seus seguidores em torno de um mesmo propósito. Entretanto, ao contrário do criador da psicanálise, Weber considera que o grupo não se dissolve com o desaparecimento do líder.

Muito embora o carisma seja um dom pessoal e, consequentemente, intransferível, sob determinadas circunstâncias, pode-se proceder a sua sucessão por alguém previamente designado pelo próprio líder ou por seus colaboradores mais próximos e dedicados. Nesse caso, ocorreria o que Weber denomina rotinização ou objetivação do carisma. É evidente que esse substituto não dispõe das mesmas condições para mobilizar e conduzir pessoas. De qualquer modo, é destino de uma estrutura centrada em um líder com traços carismáticos dar lugar aos poderes da tradição ou burocráticos.

É oportuno sublinhar que tanto Freud como Weber convergem em um ponto crucial, embora trilhando diferentes caminhos: ambos reservam um lugar de destaque para as ideias e a personalidade na rede causal de importantes acontecimentos, ao lado de outros fatores situacionais e de caráter impessoal.

A identificação e o reconhecimento do líder são aspectos fundamentais de um processo mais amplo, cuja origem está na noção de *status nascendi* – expressão utilizada por Weber (1999, p. 331) para definir a liderança carismática em sua fase embrionária. Os indivíduos nesse estado se reconhecem uns aos outros e constituem um grupo excepcionalmente solidário que pode ser encontrado em qualquer nível de agregação social. Não há antecedência obrigatória do líder em relação ao grupo. O que faz nascer a necessidade de um líder é a impossibilidade do grupo de viver situações de experimentação permanente, posto que, em todos os grupos, são inevitáveis as tensões (ALBERONI, 1991). E essas são especialmente intensas nos grupos inovadores, na medida em que nestes "as comunicações criativas são permeadas de expressões de desacordos" (ENRIQUEZ, 1990, p. 316).

Habilidades e competências requeridas

Em um ambiente organizacional, a emergência de um líder também decorre de um processo que integra suas habilidades intrínsecas e extrínsecas. Como habilidades intrínsecas, consideram-se as peculiaridades inatas que o distinguem como pessoa; como extrínsecas, entendam-se as habilidades adquiridas, reveladas ou desenvolvidas no dia a dia, ressaltando-se a capacidade comunicativa. Ambas coexistem no indivíduo de maneira interligada e, apenas em algumas situações, pode-se vislumbrar a tênue distinção entre os dois tipos de habilidades. A predominância relativa de uma ou de outra pode ser vislumbrada no processo de tomadas de decisão que requeira maior ou menor utilização de mecanismos mentais intuitivos e lógicos, respectivamente mais relacionados às habilidades intrínsecas e extrínsecas.

É oportuno acrescentar que o pleno alcance dos propósitos organizacionais acolhidos pela liderança depara-se com restrições decorrentes da racionalidade limitada do decisor diante de problemas inéditos e complexos (SIMON, 1971), bem como com situações em que ocorrem consequências não pretendidas da ação perpetrada (BOUDON, 1979). Tais circunstâncias corroem a pretensão dos decisores em obter, concomitantemente, elevada previsibilidade e minimização das incertezas em seus esforços voltados para atingir os resultados ou efeitos desejados no âmbito de uma organização formal complexa (MARCH; SIMON, 1967).

De outra parte, para atender às demandas dos ambientes interno e externo à sua organização, o líder precisa ter competências nas esferas instrumental, social e cultural. Essas coexistem e se expressam em graus variáveis em seu agir, sabendo-se que: o saber instrumental está associado à ideia de conhecimento técnico; o social reflete a aptidão em bem se relacionar com membros do seu grupo e fora dele; e o cultural se refere ao talento em apreender a totalidade organizacional. Assim, no processo de resolução de um problema cuja repercussão das decisões tomadas restrinja-se a aspectos predominantemente técnicos, a exemplo da operacionalização de um novo método de controle de qualidade, espera-se um desempenho mais orientado à sua aptidão instrumental. No caso de conflito de natureza pessoal ou grupal que ponha em risco o espírito de cooperação, é necessária uma ação capaz de reconstruir laços socioafetivos. E, quando está em jogo um objetivo organizacional mais amplo, faz-se mais necessário lidar com a dimensão cultural.

Todos os dirigentes de sucesso são líderes?

É oportuno esclarecer a distinção entre um líder organizacional e um administrador de sucesso. O primeiro é um generalista, visionário e com traços carismáticos que o distinguem como uma personalidade persuasiva, sedutora e capaz de provocar uma interação com seus seguidores, fundada em sentimentos com um alto teor de afetividade. Os seguidores se identificam entre si e a partir daquele, agindo de acordo com a missão que o líder personifica. Detentor da audácia de inovar, o líder inspira confiança, tem perspectiva de longo prazo e se preocupa mais com pessoas e grupos que com a atividade administrativa em si. Em outras palavras, na organização, ele opera sobre fatores emocionais, além dos recursos físicos, tecnológicos e financeiros, e ainda articula significados adstritos à trajetória histórico-cultural da organização, cujo desenvolvimento teve nele seu principal protagonista.

No que diz respeito a um administrador de sucesso, o que o diferencia de um líder é que, ao contrário dele, não desperta em seus subordinados sentimentos tão intensos nem constitui fortes vínculos socioafetivos; tampouco é um paladino de profundas transformações do *status quo* da organização. Para ele, prevalece uma visão de curto e médio prazos, e sua preocupação é primordialmente com o bom desempenho do sistema gerencial e a conquista de resultados satisfatórios. Por certo, ele procura assegurar a otimização dos recursos disponíveis e o alcance das metas estabelecidas para a organização; todavia, dificilmente consegue promover mobilização entusiástica e comprometimento espontâneo.

Entretanto, para que ambos possam conquistar e preservar uma trajetória de êxitos, é necessário que:

» delineiem as crenças e os valores organizacionais;

» decidam sobre as diretrizes e objetivos estratégicos;

» selecionem as pessoas-chave para pôr em prática sua visão de negócio;

» estabeleçam as retribuições e recompensas pela adoção do comportamento desejado;

» criem os mecanismos de controle que orientam o desempenho pretendido;

» atuem como facilitador da execução de tarefas, assegurando meios para a realização dos objetivos;

» capacitem os que compõem o sistema gerencial para alcançar melhores padrões de desempenho;

» definam o futuro pretendido para a organização;

» interpretem os cenários alternativos, procurando minimizar as ameaças e concretizar as oportunidades;

» motivem os integrantes da organização para perceberem as suas atividades como autogratificantes;

» suportem a frequente convivência com a tensão e os riscos;

» construam redes de relacionamentos com pessoas e grupos externos; promovam a integração entre os diversos segmentos organizacionais; e

» ajudem os membros da organização a compreender a convivência de componentes burocráticos, tradicionais e afetivos que, em diferentes intensidades, estão sempre presentes nos diversos contextos organizacionais (ALVES, 2003).

O indivíduo e a organização: algumas perspectivas unilaterais

Tendo por referência a concepção de estrutura e a noção de agente, a sociologia das organizações e a teoria geral da administração apresentam diversas correntes rivais. Essas distintas abordagens poderiam ser ilustradas simplificadamente, posicionando-as em um *continuum* em que em um de seus extremos estaria representada a ênfase estrutural, e no outro, o destaque para a ação individual.

Correntes de pensamento como a positivista, a coletivista e a objetivista supõem estarem os indivíduos enredados na armadilha de um mecanismo complexo em que as relações objetivas estruturam suas práticas e ações. Sob essa perspectiva, as mudanças são ordenadas pelos padrões, regras e propriedades não redutíveis às propensões individuais ou paixões humanas.

No início do século 20, a crescente complexidade do processo de produção industrial e as exigências do mercado em expansão passaram a requerer maior sistematização de procedimentos, mais rotinas e regulamentações, além da presença de gestores profissionais. Com efeito, o tratado pioneiro sobre a produtividade da mão de obra industrial, de F. W. Taylor (1970), contém proposições para a gestão de grandes unidades fabris. O taylorismo transpõe para o campo da gestão organizacional uma ética associada às primeiras etapas do desenvolvimento capitalista e que correspondia a um desenho organizacional-administrativo com perfil monocrático e fundado na obediência. Poucos anos após a divulgação dessas ideias, o fordismo consolida o sistema de produção em massa nas linhas de montagem de fábricas de automóveis, em que também se ressalta a implantação de um regime de oito horas de trabalho e a introdução da premiação financeira por produtividade. Quase simultaneamente, surge na França o fayolismo, que propõe diretrizes relacionadas às atividades de previsão, organização, comando, fiscalização e coordenação.

Nessas abordagens, o indivíduo encontra-se confinado em papéis minuciosamente definidos pelo topo da hierarquia que procura adaptá-lo às necessidades do sistema produtivo. O trabalhador é destituído de seu ritmo natural e seu aparato psicossocial é condicionado pelas conveniências dos equipamentos e da produção. A incapacidade desses enfoques em lidar com as incertezas e imprevisibilidades próprias das transações ambiente-organização conduziu à adoção de uma perspectiva voltada para as influências exógenas à organização, representada pela teoria da contingência. Essa corrente de pensamento propiciou uma considerável acumulação de resultados de pesquisas em campo sobre como as organizações mudam e se adaptam às circunstâncias externas. Nessa concepção, não há uma estrutura única que seja efetiva para todas as situações: isso significa dizer que a configuração organizacional varia conforme fatores situacionais associados à natureza das tarefas, ao tipo de estratégia, ao tamanho e à tecnologia adotada, entre outros.

Em outro momento, toma corpo a abordagem institucionalista, que também subestima o indivíduo como capaz de promover transformações organizacionais segundo sua vontade (SELZNICK, 1972). Nela se assume que os indivíduos são "sobressocializados" pelas organizações, aceitando e seguindo as normas sem maiores reflexões e submetendo-se sem maior resistência aos scripts institucionalizados. Sustenta-se que a mudança organizacional é determinada de fora para dentro e que as organizações estão inseridas em um ambiente no qual procuram assegurar apoio para seu crescimento e perpetuação. Ademais, acrescente-se que as organizações que operam em um mesmo ambiente tenderiam a assumir formas isomórficas ou características semelhantes.

O pós-modernismo na pesquisa organizacional, cuja origem está principalmente no estruturalismo francês, considera que os discursos estruturam o mundo e a subjetividade das pessoas, provendo-as de uma identidade social e de um modo particular de ser. Para os pós-modernistas, à medida que a sociedade se torna fragmentada, as formas estabilizadoras das identidades são perdidas, rejeitando a noção do indivíduo autônomo e autodeterminado como elemento central de análise.

Por sua vez, a primazia do indivíduo em relação à estrutura está refletida no idealismo, no individualismo e no subjetivismo, em que se salienta o que os agentes sentem, pensam e fazem, e se assume que as mudanças decorrem da ação e interação de indivíduos que podem alterar o curso dos acontecimentos. A resistência ao discurso organizacional que privilegia o sistema-organização em detrimento do indivíduo manifesta-se mediante tensões informais internas e por pressões articuladas externamente pelos sindicatos trabalhistas.

Os estudos de E. Mayo sobre relações humanas no ambiente de trabalho industrial no fim dos anos 1930 decorreram da necessidade de se procurarem novas formas para integrar os trabalhadores às organizações diante dos efeitos provocados pela concentração do capital e pela formação de grandes unidades fabris. Os resultados revelaram que o moral dos grupos é relevante para a produtividade e que a organização informal, a despeito da hierarquia, regras e rotinas, é um importante mecanismo identitário, especialmente quando o grupo se percebe ameaçado. O avanço que essas pesquisas proporcionaram – quanto ao deslocamento do foco de investigação até então predominante sobre o sistema-organização para temas relacionados com a produtividade individual e grupal, motivação, ambiente de trabalho e dinâmica de grupos, entre outros – não exime tais estudos de severa crítica a muitas de suas generalizações. Assim, observou-se que a gerência amistosa e a supervisão sem rigidez têm por efeito maior produtividade. Posteriormente, todavia, foi verificada uma relação inversa: maior produtividade faz com que os gerentes se tornem mais atenciosos e a supervisão mais flexível. A correlação entre satisfação no trabalho e produtividade também leva a conclusões ambíguas. Isto é, a afirmativa *quanto maior a satisfação no trabalho, maior a produtividade* é contrariada por outras, como *quanto mais produtivo o empregado, mais satisfeito estará*, e a produtividade será elevada se for vista pelo empregado como meio para a realização de seus objetivos pessoais (WEICK, 1973).

Vários estudos organizacionais que se seguiram à experiência de Hawthorne sofreram uma decisiva influência das ideias emergentes do behaviorismo, segundo o qual o comportamento humano é fortalecido por suas consequências, sendo estas denominadas reforço. Para os comportamentalistas, um reforço positivo fortalece o comportamento que o produza, quer dizer, os estímulos modificam a probabilidade de as respostas virem a ser emitidas e a presença deles pode induzir a conduta das pessoas para determinados fins. Reduzindo os processos organizacionais ao comportamento individual, e supondo que se pode manter o controle na organização, apoiando-se em ameaças de inclusão ou de retirada de recompensas reais ou percebidas, os behavioristas construíram um conjunto de proposições gerais, a exemplo das contidas na teoria das trocas, as quais são frequentemente utilizadas na gestão organizacional. Essa abordagem apresenta certa semelhança com a teoria da escolha racional, na medida em que ambas consideram que o indivíduo avalia custos e benefícios das diferentes alternativas, recorrendo a critérios de maximização da utilidade, bem como age de acordo com a opção que melhor atende a seus interesses com base nas oportunidades emergentes e nos desejos íntimos que acalenta.

Outro estudo sobre organizações procura construir uma ampla agenda que conduza à autonomia individual e à integração social. Ressaltam-se ainda os estudos orientados pela teoria crítica, que se fundamenta em conceitos originários da Escola de Frankfurt. Seu foco central está na natureza construída das pessoas e dos objetos, e na ênfase da linguagem como um aspecto básico desse processo de construção do sentido. O propósito do criticismo é difundir uma lógica emancipatória que se contraponha à ideia de que o mundo é um conjunto de processos objetiváveis que se procura conhecer e controlar, e onde o agente organizacional pouco pode fazer para criar, criticar e refletir sobre si mesmo. Para contrapor-se à socialização organizacional, ao carreirismo e à tecnocracia, consideram-se vitais o enriquecimento do estoque de conhecimentos dos agentes e a democratização do processo decisório.

Por uma abordagem dialógica

Não ceder a extremos reducionistas e a presunções radicais sobre estruturas que enclausuram indivíduos passivos, ou sobre os misteriosos dotes pessoais ou a extraordinária magia do gênio individual, ajuda o pesquisador a obter melhor validade explicativa sobre o fenômeno organizacional. Para superar essas posições unilaterais caracterizadas pelo destaque à estrutura ou pela ênfase ao indivíduo, desenvolveram-se propostas que articulam essas duas dimensões-chave considerando-as como reciprocamente atuantes. Em outras palavras, organizações e indivíduos devem ser tratados como dimensões analíticas estreitamente articuladas e reciprocamente influentes, muito embora possam ocorrer situações específicas em que uma delas possa temporariamente predominar (ALVES, 2003). Os indivíduos podem desenvolver práticas que tanto criam quanto reproduzem estruturas. E as propriedades estruturantes (regras e recursos) são dotadas de uma causalidade condicionante que não determina a ação dos indivíduos, mas a restringe ou facilita. Por conseguinte, a integração social é obtida pela conduta reflexiva das experiências humanas, tendo em vista os propósitos dos agentes, apesar de eles terem um conhecimento limitado da situação e das consequências de suas ações.

A proposta habermasiana para contrapor-se ao "sistema" que oprime a subjetividade dos agentes enfatiza o diálogo como mecanismo para compartilhar regras e torná-las reflexivas. Isto é, o indivíduo age racionalmente, na medida em que se vale de uma comunicação livre e não distorcida. Esse dizer algo a alguém e compreender o que é dito requer interlocutores que compartilhem a mesma fonte de verdade. Sendo assim, em lugar do mero exercício da autoridade, da tradição ou de ideologia, seria utilizada a força dos argumentos para se chegar a um entendimento ou para se mudar o pensamento e a ação do interlocutor. Isso proporcionaria a base para a mais reflexiva forma de racionalidade – a comunicativa – em que a linguagem se apresenta como o principal elemento de integração e socialização. Essa visão fundamenta-se na dialogicidade, na comunicação aberta entre pessoas autônomas e bem-intencionadas que conservam a confiança dos parceiros, preservam os relacionamentos e reconhecem os outros como fins, não meios. Ela também pressupõe que, se cada um efetivamente falar a verdade, não distorcer os significados das falas nem coagir os interlocutores, isso também será seguido pelos demais.

De sua parte, a visão weberiana considera crucial o entendimento interpretativo da conduta social a que os agentes atribuíram um significado subjetivo. Conquanto valorize a autonomia dos indivíduos para escolher suas próprias ações e para se desenvolverem de acordo com suas potencialidades, Weber (1999) não se permite ficar restrito a uma perspectiva unidimensional, aceitando-se a totalidade social como apenas decorrente de seus constituintes individuais. Ele repele o determinismo materialista, mas reconhece a contínua e incerta luta para manter-se a individualidade e o espírito criador humano em face da objetividade das forças históricas presentes no desenvolvimento do processo de produção capitalista e diante da burocratização que encaminha impiedosamente os indivíduos em direção ao sufocamento de sua liberdade subjetiva.

Para Weber, os agentes individuais, com base em seus interesses, conhecimentos e preferências, detêm uma considerável área de liberdade para decidir sobre quais diretrizes orientarão suas organizações, tendo em vista os objetivos estabelecidos e de acordo com os meios e recursos disponíveis, não obstante o fato de sua atuação estar sempre sujeita a pressões, condicionamentos e restrições de origem interna ou externa. Em síntese, a organização faz os indivíduos que a fazem, e os indivíduos fazem a organização que os faz. Contudo, esse processo interativo não se verifica nas situações que os agentes forjaram totalmente por vontade própria, mas, sim, que eles encontram parcialmente como condições dadas.

De todo modo, é razoável assumir-se a proposição que se assenta em uma perspectiva multilateral e dialógica, a qual considera o indivíduo e a organização como aspectos fortemente interligados e mutuamente influentes, ou melhor, "o agente individual e o sistema-organização são dimensões estreitamente articuladas e reciprocamente condicionantes" (ALVES, 2003, p. 58).

Líderes como vetores de mudança na cultura organizacional

Para fins de elaboração deste capítulo, conceituou-se cultura da organização como um conjunto complexo de crenças, valores, pressupostos, símbolos, artefatos, conhecimentos e normas, frequentemente personificado em heróis, que é difundido pelos sistemas de comunicação e pela utilização de mitos, histórias, rituais, além de processos de endoculturação. Essa coleção de elementos culturais reflete as escolhas ou preferências da liderança organizacional e é compartilhada pelos demais membros da organização, tendo o propósito de orientar o comportamento desejado, tanto em termos de integração interna quanto de adaptação ao ambiente (ALVES, 1997). A cultura atua profundamente sobre as percepções e os procedimentos no ambiente organizacional. Todavia, ainda são poucos os que se dispõem a refletir sobre a intensidade e o alcance do sutil poder desse patrimônio intangível da organização. É aparentemente paradoxal que, embora a cultura seja relevante para o desempenho da organização, não possa ser facilmente observada ou sentida, por estar encoberta por outros fatores mais visíveis. Ocorre que o significado substantivo da cultura é objeto de observação indireta. O que se percebe diretamente são as representações culturais (significantes). E é com base nessas manifestações que agimos para revigorar a cultura da organização. Muito da cultura é aceito de forma implícita e quase nunca emerge explicitamente para discussão. Para a compreensão das entranhas de uma organização, é preciso ir além dos organogramas e manuais.

A cultura da organização pode ser abordada de diversas maneiras, segundo a ótica do pesquisador. Assim, ela pode ser vista como: uma ideologia de dominação, cultivada por seus dirigentes, com o propósito de controle e legitimação de suas atividades; um eficaz instrumento de preservação da ordem vigente; um meio de criar uma organização carismática da qual todos se orgulhem de participar; ou um artifício organizacional para manipular o comportamento dos seus membros. A cultura também pode ser interpretada como um fator social, que contribui para que a organização: apresente congruência de perspectivas; mantenha sua integridade; preserve sua estabilidade; revele sua singularidade; explicite sua filosofia de administração; procure a conciliação das diferenças entre a organização e o indivíduo, reduzindo os conflitos e fortalecendo a lealdade interna; e crie condições para melhor adaptação ao ambiente externo.

A cultura da organização modifica-se em meio a um contínuo processo de aprendizagem organizacional sobre novos modos de ser, atuar e de resolver problemas. O próprio sucesso é uma condição transitória, não um resultado final e definitivo. Nada na organização está terminado ou fixo para sempre. O revigoramento da cultura ocorre concomitantemente às situações de confronto entre forças conservadoras e inovadoras, o que conduz a um equilíbrio dinâmico de permanência-mutação ou manutenção-transformação. A cultura pode se desenvolver por caminhos próprios partindo dos diferentes eventos históricos que experimentou.

É inquestionável o fato de que a cultura da organização constitui um patrimônio a ser respeitado e honrado, mas isso pode dificultar uma ação transformadora, indispensável à continuidade de seu desenvolvimento. É oportuno sublinhar que a (re)criação da cultura organizacional, com o propósito de (re)orientar o comportamento desejado, seja em relação à integração interna, seja no que diz respeito ao alinhamento às demandas do ambiente, decorre, em última análise, do sentido da atuação da liderança em meio a um processo contínuo de organização-interações-reorganização.

O papel da liderança na (re)construção da cultura é da mais alta relevância, posto que esse controle social normativo, em última análise, advém daqueles que induzem suas escolhas e preferências a dada coletividade. Isto é, a ressignificação simbólica e a instauração do sistema de valores compartilhados são indissociáveis do papel e das ações das lideranças organizacionais. Como abordado no início deste capítulo, para a organização ou para os grupos persistirem íntegros, mesmo sem a presença física do líder, seus membros o substituem por uma "mensagem", uma "ideia", uma "missão" ou uma "imagem transcendente" dele originária. Muda-se, assim, a forma, mas não a lógica da dominação legítima, até o ressurgir de um novo momento excepcional, ou seja, de um novo *status nascendi*, reiniciando-se outro ciclo de liderança que favoreça a continuidade dos grupos e propicie o fortalecimento da solidariedade entre seus integrantes em busca de tempos melhores.

Referências

ALBERONI, F. *Gênese*. Rio de Janeiro: Rocco, 1991.

ALVES, S. *Racionalidade, carisma e tradição nas organizações empresariais contemporâneas*. Recife: Edufpe, 2003.

_____. *Revigorando a cultura da empresa*. São Paulo: Makron Books, 1997.

BOUDON, R. *Efeitos perversos e ordem social*. Rio de Janeiro: Zahar, 1979.

ENRIQUEZ, E. *Da horda ao Estado*: psicanálise do vínculo social. Rio de Janeiro: Zahar, 1990.

FREUD, S. Psicologia de grupo e a análise do ego. In: _____. *Obras completas de Sigmund Freud*. Rio de Janeiro: Imago, 1976. v. 18, p. 91-171.

_____. Moisés e o monoteísmo. In: _____. *Obras completas de Sigmund Freud*. Rio de Janeiro: Imago, 1975. v. 23, p. 91-161.

LEVINE, D. N. *Visões da tradição sociológica*. Rio de Janeiro: Zahar, 1997.

MARCH, J. G.; SIMON, H. A. *Teoria das organizações*. Rio de Janeiro: FGV, 1967.

SELZNICK, P. *A liderança na administração*: uma interpretação sociológica. Rio de Janeiro: FGV, 1972.

SIMON, H. A. *Comportamento administrativo*. Rio de Janeiro: FGV, 1971.

TAYLOR, F. W. *Princípios da administração científica*. São Paulo: Atlas, 1970.

WEBER, M. *Economia e sociedade*, v. 2. Brasília: Ed. UnB, 1999. (Revisão técnica de Gabriel Cohn)

WEICK, K. *A psicologia social da organização*. São Paulo: Edusp, 1973.

COMUNICAÇÃO E REFLEXIVIDADE NAS ORGANIZAÇÕES

Regiane Regina Ribeiro
Marlene Marchiori
Miguel L. Contani

Com a cambiante dinâmica social resultando na maior complexidade das relações humanas observada na primeira década do século 21, uma das exigências, ao pensar as organizações, é manter o aspecto comunicacional em destaque e buscar enfoques adequados. Trata-se de aperfeiçoar conceitos, evitando abordagens superficiais ou que estejam restritas a prescrever condutas. Convém tornar o **que/como fazer** uma avaliação precedida do entendimento do **por que fazer**. Reconhecer que a interconexão entre as pessoas pressupõe um "interjogo" de mensagens – a compreensão do contexto, dos significados que emergem – é um passo seguidamente recomendado, mas insuficiente para assegurar a capacidade explicativa, tampouco o êxito do processo. É necessária uma fundamentação apta a dar conta da multiplicidade, da complexidade, da variação, da necessidade de integrar e absorver – o conceito de reflexividade está apto a exercer esse papel.

A prática reflexiva é, antes de tudo, uma mudança de posicionamento frente a valores, crenças e ações que obstaculizam o pensamento crítico. O termo reflexividade é utilizado, no texto deste capítulo, significando uma capacidade a ser desenvolvida que permite aos indivíduos refletirem conscientemente sobre si mesmos, tendo por referência seu contexto social. É um processo mental, individual, subjetivo e, principalmente, dialógico. A isso se adiciona a visão de

Barge (2004) de que, desprovidos da prática reflexiva, os indivíduos tendem a tornar-se presos ao sistema institucionalizado que reduz sua capacidade crítica e constitui obstáculo para desenvolver ações criativas e inovadoras.

Giddens (1991) observa que, nas culturas que precederam a era moderna, a prática reflexiva estava diretamente ligada ao papel que as tradições exerciam na vida das pessoas; as experiências vivenciadas e cristalizadas socialmente influenciavam a capacidade de entender e atribuir significados aos fenômenos. Assim, a reflexividade existia subordinada às tradições. Na passagem para o mundo moderno, a reflexividade revela outra característica: "ela é introduzida na própria base da reprodução do sistema, de forma que o pensamento e a ação estão constantemente refratados entre si" (GIDDENS, 1991, p. 45). Esse autor vai adiante e acrescenta que "a reflexividade da vida social moderna consiste no fato de que as práticas sociais são constantemente examinadas e reformuladas à luz de informação renovada sobre essas próprias práticas, alterando assim seu caráter" (GIDDENS, 1991, p. 45).

Essa concepção aponta que ser reflexivo está diretamente relacionado à capacidade de reconhecer os limites pessoais e preservar a individualidade, bem como substituir as relações com base na autoridade por discursos construídos na confiança e no diálogo. Giddens (1991) acredita que em uma sociedade "altamente reflexiva" pode-se chegar a uma verdadeira democracia da vida privada, o que abrirá caminho para uma democratização da vida pública.

Nesse contexto, a reflexividade deve ser entendida como prática epistemológica que auxilia os indivíduos na construção de diferentes significados para os fenômenos, e essa percepção pressupõe um olhar vigilante, atento e crítico do líder sobre si mesmo. É necessário ser primeiramente autocrítico e autorreflexivo. Conscientizar e promover a reflexão, contudo, não significa dissertar sobre conteúdos e doar aqueles saberes que não dialogam com os anseios, desejos e necessidades das pessoas nas organizações. Para haver uma comunicação real e não alienadora nas organizações, é necessário que os gestores estabeleçam, de comum acordo, os conteúdos a serem absorvidos, e tal processo tem cunho investigativo e implica uma metodologia que não pode contradizer a dialogicidade. Ainda segundo o autor:

> Onde o nível de reflexividade social permanece razoavelmente baixo, a legitimidade política continua a depender, em certa parte substancial, do simbolismo tradicional e de maneiras preexistentes de se fazer as coisas. Todo tipo de clientelismo e corrupção pode não somente sobreviver, mas no interior da liderança política, tornar-se um procedimento aceitável (GIDDENS, 1994, p. 51).

Pode-se depreender desse posicionamento que a reflexividade com base em uma "sociedade do diálogo" tende a produzir boas consequências para o mundo em que se vive hoje. Nas organizações, esse pensamento antepõe outra possibilidade para lidar com valores enraizados em uma cultura organizacional hierárquica, fundamentada na competição, focada no resultado, no poder e na obtenção de vantagens sociais e materiais.

Alvesson e Skoldberg (apud BARGE, 2004) associam a noção de interpretação a uma maneira reflexiva de expandir a compreensão e análise das informações. Eles sugerem que a interpretação reflexiva consiste em quatro níveis: (1) interação com os dados; (2) interpretação; (3) interpretação crítica; e (4) reflexão sobre o conteúdo. Assim, a interpretação reflexiva implica examinar a informação, contextualizá-la em vários níveis de análise, para com ela descobrir múltiplos *insights* sobre os fenômenos.

Barge (2004) reconhece que os estudos relatados na literatura específica sobre reflexividade ainda são limitados e apontam três questões aqui retomadas para evidenciar a necessidade constante de pesquisas: (1) de que modo os administradores entendem a reflexividade e que uso podem fazer dela; (2) que estratégias comunicacionais são por eles associadas à reflexividade e com que técnicas abordam as pessoas quando compartilham ideias na ação gerencial que procuram adotar; e (3) que consequências percebem ao agir reflexivamente em seu ambiente de gestão. São questionamentos que mobilizam para o entendimento do pensar reflexivo nas organizações da contemporaneidade. Ou seja, passa a ser condição estruturante pensar em comunicação e discurso, e repensar o comportamento comunicacional dos sujeitos em processos de interação, que, pela prática reflexiva, permitirão atingir avanço e inovação pessoal e organizacional.

Taylor e Robichaud (2004) discutem três perspectivas relativas à linguagem e ao discurso nas organizações que podem responder às questões propostas por Barge. A primeira é o caráter dialógico da conversação, defendido por Barge e Little (2002), e por Taylor e Robichaud (2004). O diálogo passa a ser referenciado como propriedade formal da "fala espontânea" (TAYLOR; ROBICHAUD, 2004, p. 399). A segunda perspectiva considera que, por meio do diálogo, as pessoas acabam se organizando; e a terceira refere-se a uma sequência lógica em relação à abordagem dos autores, considerando que é por meio da interação que se criam os textos. O conceito de textoé referenciado pelos autores como linguagem que é produzida em algum contexto, sendo assim um modo de troca: "A forma fundamental do texto é o diálogo, a interação entre as pessoas" (TAYLOR; ROBICHAUD, 2004, p. 401). Ressalta-se, assim, que o caráter dialógico nas organizações considera que a reflexividade, tal como também proposta por Schön (1983), pode contribuir com os processos de criação de sentido por meio das experiências interativas originadas nos diálogos organizacionais.

A organização passa a ser entendida, portanto, como uma forma social criada e mantida pelas manifestações reflexivas de seus membros (McPHEE; ZAUG, 2000 p. 31). Taylor (2009, p. 175) sugere ainda que a organização pode adotar duas posturas diferentes "em consequência da dimensão da linguagem enfatizada: interação ou *sensemaking*". Ele complementa: "Pela interação, nós nos tornamos uma organização; pela observação e ao expressar nossas experiências – *sensemaking –*, nós criamos a organização como um objeto de discurso" (TAYLOR, 2009, p. 175).

Para compreender a reflexividade nas organizações

As questões ontológicas e epistemológicas desse campo do saber têm a natureza de um processo de reflexão, o que significa entender e perceber a organização em meio a uma "rede heterogênea de seres humanos e não humanos" (teoria ator-rede ou, no original, *actor-network theory*, JOHNSON et al., 2007, p. 46). Latour (1987) estabelece para essa relação um princípio metodológico central: "*follow the actor.*" Os atores estão ligados a uma rede de elementos materiais e imateriais, sendo que a ação é o que um agente pode fazer. Giddens (apud COOREN; FAIRHURST, 2009, p. 130) sugere que a "ação depende da capacidade do indivíduo para 'fazer diferença' em um preexistente estado de coisas ou curso dos acontecimentos". A teoria ator-rede convida a ampliar o entendimento sobre "*agency* para entidades" (*to extend agency to entities*), criticando as ciências sociais que negaram o fato de "os objetos contribuírem ativamente para a estabilidade e estruturação de nosso mundo" (COOREN; FAIRHURST, 2009, p. 129).

A teoria ator-rede leva em conta tanto os elementos materiais quanto os imateriais na condução dos processos comunicacionais. Entender as atividades comunicativas dos agentes requer olhar para conversações e textos considerando, segundo Taylor e Robichaud (2004), o material e o social. Saliente-se que o conceito de comunicação conectada a discurso significa considerá-la uma "conversa que incide sobre processos e estrutura, sobre a ação coletiva como correalização, sobre o diálogo entre os parceiros, sobre as características do contexto, e nos processos micro e macro".[1]

Taylor e Robichaud (2004) assinalam que a linguagem e o discurso vêm ganhando espaço significativo nas concepções das organizações, centrando-se em dois amplos campos: atividades comunicativas dos agentes (conversações) e interpretações discursivas (textos). Conversação refere-se ao local em que agente e estrutura são gerados no próprio ato de sua organização; texto refere-se ao ambiente de linguagem que enquadra conversações e produz o *sensemaking,* dimensão pela qual as pessoas podem lidar com seus propósitos materiais e sociais imediatos (TAYLOR; ROBICHAUD, 2004, p. 395).

O conceito de atividade passa a ser construído por dois atores, os quais são coorientados para um objeto em conversação, os quais criam, daí, a base para uma ação coletiva. Taylor e Robichaud (2004, p. 397) propõem uma perspectiva unificada em que "objetos materiais e instrumentos, bem como as pessoas, desempenham um papel construtivo na constituição da agência. A comunicação desempenha um papel fundamental tanto na gênese e na realização de uma atividade, bem como torna com sentido as construções".

Situada na comunicação em seu papel de processo fundamental na gestão organizacional que ultrapassa fórmulas superadas e comprometidas com a racionalidade e o monopólio da verdade, a aprendizagem reflexiva produz importantes desdobramentos. Pressupõe, logo de imediato, que os indivíduos reconheçam o proposto nas atividades e nas tarefas que realizam, que exponham suas interpretações dos fatos, que estejam abertos para ouvir o outro, aceitar críticas e modificar seus próprios referenciais quando necessário.

O indivíduo é evidenciado, valorizando sua capacidade criativa e com estímulo à análise nos processos de subjetividade e a afetividade na gestão de pessoas. As organizações inserem-se em um processo dialógico com o ambiente social e, como tal, precisam ser observadas como espaços de relações humanas e não humanas (SCHÖN apud McAULEY; DUBERLEY; JOHNSON, 2007).

Assim, afirmar a natureza dialógica na comunicação é entender que há variados tipos de signos e seus arranjos passam por permanentes deslocamentos, retroalimentando-se nas sequências intertextuais/interdiscursivas que funcionam nos contextos histórico-sociais das organizações como fontes dialogicamente produtoras de interação, interatividade e sentido.

---

[1] Tradução livre do original: "[...] communication is a conversation in that it focuses on both process and structure, on collective action as joint accomplishment, on dialogue between partners, on features of the context, and on micro and macro processes" (PUTNAM; PHILLIPS; CHAPMAN, 1996, p. 391).

Interação e interatividade são conceitos que se interpenetram. A interação (inter-ação) refere-se à relação entre interlocutores (polos de comunicação verbal ou não verbal, mediada ou não por tecnologias) e aos efeitos de sentido daí decorrentes. A interatividade é aqui entendida como a possibilidade de interação flexível (LIMA, 2001), de relação recíproca dos interlocutores em uma situação de diálogo. Isso significa superar visões de um modelo de comunicação redutor, marcado pela unidirecionalidade, que tem o emissor como proponente de mensagens fechadas e o receptor passivo diante delas. Significa, ainda, transformar e redimensionar o espaço da recepção como espaço de interação e transformação, e modificar os papéis de emissores e receptores, para uma dinâmica relacional mais crítica de coautores/criadores.

Em última análise, significa reconhecer que interagir é mais que enviar e responder mensagens; é entender emissão e recepção como espaços recursivos, já que emissor e receptor passam a fazer parte de um processo de relações interligadas por fios dialógicos. Tais relações são sempre processuais, isto é, estão sempre se confrontando, fazem-se e desfazem-se, constroem-se e se desconstroem em um jogo simultâneo e dinâmico. A linguagem utilizada pelos humanos é única exatamente por sua "recursividade" (*recursivity*) (TAYLOR, 2009, p. 175), sua capacidade para funcionar tanto como matéria quanto no âmbito da comunicação. Taylor justifica sua posição ao entender linguagem como um meio interativo em que os participantes da organização podem observá-la. Organização, por sua vez, é uma construção que emerge das atividades de pessoas em *sensemaking* como também funciona nessas mesmas atividades como um ator real (TAYLOR, 2009, p. 176).

Etzioni (1964) afirma que as organizações são unidades sociais (ou grupamentos humanos) intencionalmente construídas e reconstruídas, a fim de atingir objetivos específicos. Acontece que os objetivos não são factuais, pois são contínuos e se lançam a uma realidade futura, na esfera da idealização de seus organizadores, portanto, no contexto simbólico. Acadêmicos como Baxter (1988, 1993, 1994) e Montgomery e Baxter (1996) (apud WOOD, 2000) contribuíram para a adoção de uma perspectiva dialética, enaltecendo o processo de relacionamento e de valorização do criticismo e do diálogo.

Putnam e Boys (2006) apresentam e discutem as metáforas da comunicação organizacional, a saber: fio condutor, processo de informação, ligação e desempenho, destacando-se a metáfora do discurso, que engloba o próprio discurso, o símbolo, a voz e a contradição. A metáfora do discurso enfatiza "linguagem em uso, ou seja, palavras e significados que acabam por constituir a organização como inter-relacionamentos entre textos" (PUTNAM; BOYS apud MARCHIORI, 2008, p. 199).

Consideradas assim, as organizações surgem como textos constituídos de gêneros e diálogos que vêm assumindo posição de destaque nos estudos do campo da Comunicação Organizacional, inserida na metáfora da contradição. É, portanto, fundamental definir o conceito de **discurso adotado** para daí relacioná-lo ao diálogo e ao processo reflexivo no cenário das organizações contemporâneas. No contexto organizacional, o discurso organiza-se com base nos conhecimentos, nas opiniões e convicções dos interlocutores sobre determinado assunto, da relação de afinidade e do grau de familiaridade entre eles, e ainda da posição hierárquica que ocupam. Todas essas questões determinam as escolhas que são feitas em relação ao tipo de discurso utilizado e ao procedimento e seleção dos códigos linguísticos.

Afinal, o que é praticar o diálogo na organização? A prática do diálogo pode ser entendida como fonte de ação coletiva capaz de criar significados compartilhados. No entanto, por mais que sejam convincentes os discursos organizacionais e os bem elaborados programas de comunicação, sente-se que a realidade organizacional não acompanha o discurso. Em tempos de mudança, o fator resistência produz o tradicional apego ao que já deu certo e a busca por repetir velhas práticas (FREITAS, 2006). Isso confirma que assumir uma ótica dialógico-reflexiva nas organizações gera desafios, uma vez que o que tem predominado nas realidades organizacionais é um tipo de comunicação que tende a apresentar, ao longo do tempo, um caráter linear, impositivo e monológico. Tal monologia se formaliza em discursos autoritários em que um único sentido sobressai, impedindo que os demais venham à tona; as partes são dicotomizadas em emissor (originador da mensagem) e receptor (receptáculo acrítico do primeiro). Na prática, percebe-se que o diálogo se restringe a um plano inferior de detalhamento ou esclarecimento de discursos monológicos prontos, oriundos de um emissor, cujo espaço interacional para a cocriação praticamente não existe, e a língua passa a ser um instrumento de reprodução do sistema vigente.

Marcondes (2007, p. 37) sugere que o "conceito de comunicação transcende as formas convencionais de linguagem", pois as pessoas podem se utilizar da linguagem para deixar claro seu contato social. O que cada uma delas carrega internamente, no entanto, é outro mundo. Entendem que, no cotidiano das relações, as pessoas falam, comentam fatos da vida, emitem opiniões, ou seja, relacionam-se com a linguagem, com os gestos do corpo, sendo que essa "comunicação puramente 'relacional' não ultrapassa a membrana que isola cada um de nós do mundo circundante. Não obstante, as pessoas mudam. E mudam por causa da comunicação" (MARCONDES, 2007, p. 37).

É nesse cenário de discussões que se estabelece a ponte mediadora entre dialogicidade e o conceito de **reflexividade** na perspectiva de Barge (2004). Para ele, agir reflexivamente é uma importante estratégia para a evolução dos processos comunicativos dialógicos nas organizações. E complementa que a reflexividade tem sido tradicionalmente conceituada como uma prática epistemológica que enfatiza um posicionamento intelectual crítico, e que, mesmo assim, pouca atenção tem sido dada à forma como gestores agem reflexivamente. Para Barge, agir reflexivamente é, sem dúvida, fundamental para o exercício de uma ação comunicativa focada no diálogo.

O termo refere-se ainda, segundo Tomm (apud BARGE, 2004), ao entendimento das pessoas no reconhecimento da interação entre comunicação, contexto, significação e ação. "Texto e contexto são interligados com ação e significado" (PUTNAM; PHILLIPS; CHAPMAN, 1996, p. 141). A prática reflexiva considera que a organização deve comunicar-se por meio do reconhecimento de que existem múltiplas interpretações das situações e que essas interpretações são frequentemente contestadas. Deve-se ainda levar em consideração as tendências sociais, tais como a globalização, as tecnologias da informação, o multiculturalismo, os cuidados de saúde e as mudanças nas relações trabalho-família, entre outros aspectos que atribuem uma complexidade ainda maior ao processo, mas que já fazem parte da vida organizacional.

Reflexividade como prática consiste, principalmente, em incentivar as pessoas na construção de várias concorrentes de significados e interpretações para os fenômenos. Shotter e Cunliffe (apud BARGE, 2004) observam, no entanto, que, apesar de ser uma prática gerencial da responsabilidade dos gestores, deve contar com a participação de todos os membros da organização, em uma sinergia mútua. Segundo Barge (2004), há três implicações importantes em uma prática reflexiva: (1) alteram-se os contextos, ritmo e tempo em que a comunicação acontece; (2) deve acontecer em um ambiente de confiança e comunicação segura; e (3) aumenta o potencial crítico, promovendo a capacitação profissional.

Drucker (1994) e Tofler (1985) consideram que o conhecimento e a informação são importantes recursos estratégicos e transformadores das organizações. Sob essa perspectiva, o capital intelectual adquire valor quase equivalente ao financeiro, na medida em que são as pessoas que pensam e decidem estrategicamente o caminho das organizações e não as máquinas, nem o dinheiro. A prática reflexiva está conectada ao discurso dialógico, uma vez que proporciona mecanismos de ampliação do processo comunicativo dos gestores, minimizando ações que impeçam o diálogo de acontecer. Nesse contexto, os indivíduos que procuram agir reflexivamente devem, de acordo com Barge (2004), preocupar-se não apenas com o conteúdo comunicativo, mas também com o processo, incluindo questões como tempo, ritmo e contexto da informação, bem como perceber que essa iniciativa promove melhor capacitação profissional. Eles se tornam cocriadores de informação e tomam decisões compartilhadas com seus pares, produzindo uma rede de significados e sentidos.

A reflexão permite fornecer aos gestores informações corretas e autênticas sobre sua ação, as razões e as consequências desta última. Portanto, a qualidade e a natureza da reflexão são mais importantes que sua ocorrência. Os gestores que refletem sobre sua ação estão envolvidos em um processo investigativo sobre si mesmos, como também estão em busca de melhorar seu desempenho. A reflexão é parte integrante do trabalho do gestor, e, para ser compreendida, precisa integrar as condições e produção desse trabalho. Quando não se reflete sobre a prática, tende-se a agir com a rotina, aceitando as condições e imposições que outros determinam. Segundo Dewey (1959), a prática reflexiva é aquela que relaciona a ação e o pensamento, e essa relação implica sempre uma reflexão sobre sua experiência, suas crenças e valores, e também uma autorreflexão, abertura de espírito, responsabilidade e sinceridade.

Essa ação reflexiva proporciona ao gestor uma capacidade de atuar de forma mais crítica ao social em que está inserido e implica um desejo ativo de transformação e alteração nos cenários das organizações. A prática reflexiva proporciona oportunidades para desenvolvimento profissional e pessoal, tornando os gestores mais conscientes de si e proporcionando uma ação livre de comportamentos padronizados e rotineiros, o que possibilita novos olhares sobre os fenômenos e uma atuação de forma inteligente.

Podem-se ainda relacionar as capacidades propostas por Hofstadter (2001) como possibilidades para o desenvolvimento de ações criativas e reflexivas nas organizações. São elas: responder a situações de maneira muito flexível; tirar vantagens de circunstâncias fortuitas; dar sentido a mensagens ambíguas ou contraditórias; reconhecer a importância relativa de elementos de uma situação; descobrir similaridade entre situações, apesar das diferenças; encontrar diferenças entre situações, apesar das que possam uni-las; sintetizar novos conceitos, tomando conceitos anteriores e reordenando-os de maneira nova; e formular ideias que constituam novidades.

A prática reflexiva está, portanto, relacionada a situações complexas, surpreendentes, aparentemente inesperadas e insolúveis. É saber caminhar por linhas tortuosas, é saber aprimorar a criatividade desses caminhos, porque somente eles são criativos, não lineares e abertos. Dessa forma, as organizações não devem privilegiar a tática analítica, que vai do complexo ao simples, supondo que no nível mais simples se possa encontrar a essência da realidade e sua própria explicação. Nessa rota, inteligência é essencialmente exercício lógico. Saber pensar não é somente ver a lógica das coisas, formular raciocínios formais concretos, mas principalmente identificar lógica onde aparentemente não haveria, pensar flexivelmente para dar conta da realidade, decifrar o que é ambíguo e contraditório, ordenar a importância de elementos embaralhados em uma situação, encontrar similaridades ou diferenças onde parece não haver, reconstruir o conhecimento anterior e formular perspectivas inovadoras.

Sob essa perspectiva, a comunicação nas organizações, assim enriquecida, não pode ser linear e padronizada porque está culturalmente contextualizada. Ao buscar definir conceitos, usam-se conceitos não definidos. Ao se encerrar uma discussão, deve-se restringir o final apenas ao evento focalizado sem descartar a necessidade de sempre argumentar mais e melhor. Nada começa de um ponto zero e evidente, do qual poderia emanar a mesma evidência para todos os passos sucessivos, porque não se tem como chegar a um porto seguro onde tudo já estaria explicado. Para Barge (2004), o conceito de prática reflexiva está diretamente relacionado à proposta metodológica educacional de Schön (1983, p. 132): materializa-se em espirais de estágios de apreciação das ações e reapreciação, em um contexto reflexivo contínuo. A reflexão acontece na ação quando se comparam práticas atuais com as presenciadas ou realizadas no passado, o que não ocorre necessariamente no instante de uma prática, mas está diretamente ligado a ela. O exercício reflexivo pode suceder a realização da prática. O indivíduo efetua uma retrospectiva e reflete sobre as ações que realizou, explorando outros entendimentos das experiências práticas experimentadas "por simples especulação ou por um deliberado esforço de se preparar para futuras práticas" (SCHÖN, 1983, p. 61).

Uma prática reflexiva metódica inscreve-se nos discursos como uma rotina. Não uma rotina sonífera, mas uma rotina paradoxal, um estado de alerta permanente. Por esse motivo, tem necessidade de disciplina e de métodos para observar, memorizar, escrever, analisar após compreender, escolher opções novas. Pode-se acrescentar que uma prática reflexiva, como assinalado, jamais é inteiramente solitária. Ela se apoia em conversas informais, momentos organizados de profissionalização interativa (GATHER THURLER, 1996), em práticas de *feedback* metódico, de *briefing*, de análise do discurso, de reflexão sobre sua qualidade, de avaliação do que se faz.

A prática reflexiva pode ser solitária, mas deve se relacionar com grupos, apelar para sujeitos externos, inserir-se em redes, isto é, apoiar-se em informações, oferecendo os instrumentos ou as bases teóricas para compreender melhor a si mesma e os processos em jogo. Podem-se enunciar três argumentos em favor de um processo comunicativo reflexivo:

1. As condições e os contextos das empresas evoluem cada vez mais rapidamente, tornando impossível viver com as aquisições de uma capacitação inicial que se torna obsoleta em pouco tempo; seria mais realista, portanto, imaginar que uma formação contínua, bem pensada, daria novas possibilidades quando as antigas "não funcionarem mais". Assim, o gestor deve se tornar alguém que concebe sua própria prática para enfrentar eficazmente a variabilidade e a transformação de suas condições de trabalho.

2. Se se deseja que todos alcancem os objetivos, não basta repetir fórmulas prontas: é preciso fazer com que cada um aprenda encontrando o processo apropriado. Essa estratégia "sob medida" está além de todas as prescrições.

3. As competências profissionais são cada vez mais coletivas no âmbito de uma equipe ou de uma organização, o que requer sólidas competências de comunicação e de conciliação, logo, de regulação reflexiva.

Os saberes metodológicos incluem a observação, a interpretação, a análise, a antecipação, mas também a memorização, a comunicação oral e escrita, e até os recursos multimídia, uma vez que a reflexão nem sempre se desenvolve em circuito fechado nem no imediato. O bom senso apoiado sobre capacidades de observação e de raciocínio permite um primeiro nível de reflexão.

O diálogo torna legítima a experiência de cada pessoa com base na conexão com outras, para determinar o que conta como conhecimento (MARCHIORI, 2008, p. 200). Conforme antes mencionado, Taylor e Robichaud (2004) sugerem que, da perspectiva organizacional, o resultado prático de uma conversação é o alcance da coorientação que: (a) efetiva negociação por meio do diálogo; (b) aponta para a produção coordenada de crença, ação e emoção; e (c) é mediada pelo texto. É fundamental, nesse processo, que as pessoas alinhem, segundo os autores, o mundo objetivo com o mundo social. A linguagem está em como as pessoas se relacionam entre si e como elas expressam entendimentos sobre esses relacionamentos. Interação mediada pela linguagem é, portanto, reflexiva e retrospectiva. "É na dinâmica recursivo-retrospectiva que a identidade de objetos, indivíduos, tecnologias, comunidades e, finalmente, a organização em si nasce" (TAYLOR, 2009, p. 181).

A teoria reflexiva parte de uma perspectiva que se preocupa com as escolhas feitas por todos os membros do grupo para gerar significados de ações anteriores nas organizações e, ao mesmo tempo, produzir novos significados também compartilhadamente (McAULEY; DUBERLEY; JOHNSON, 2007) para ações futuras. Em outros termos, trata-se de entender o passado para projetar um futuro em que não se cometam seus ocasionais equívocos ou se aperfeiçoem seus acertos. Pode-se concluir que a noção de reflexividade torna-se mais abrangente que a forma como a comunicação tem sido retratada nas organizações. Em síntese, a reflexividade pode ser considerada como um processo que possibilita à consciência voltar-se sobre o que foi dito, feito ou projetado, avaliando a si mesma e a outras influências no contexto de realização do processo. A reflexividade tem um poder generativo, pois proporciona percepções, explanações, invenções e soluções para os novos problemas que práticas inovadoras possam apresentar (SCHÖN, 1983). Experiências de reflexão enriquecem o repertório das organizações para que, no futuro, estas possam lidar melhor com novas práticas e problemas, compondo novas variações para resolvê-los, ao desenvolver práticas discursivas críticas e dialógicas.

Referências

BARGE, J. K. Reflexivity and managerial practice. *Communication Monographs*, v. 71, n. 1, p. 70-96, mar. 2004.

_____; LITTLE, M. Dialogical wisdom, communicative practice, and organizational life. *Communication Theory*, v. 12, p. 375-97, 2002.

BAXTER, L. A. A dialectical perspective on communication strategies in relationship development. In: DUCK, S. *Handbook of personal relationships*: theory, research and interventions. Nova York: John Wiley & Sons, 1988.

_____. The social side of personal relationships: a dialectical analysis. In: DUCK, S. *Social context and relationships.* Newbury Park, CA: Sage Publications, 1993.

_____. A dialogic approach to relational maintenance. In: CANARY, D. J.; STAFFORD, L. (eds.). *Communication and relational maintenance*. São Diego, CA: Academic Press, 1994.

COOREN, F.; FAIRHURST, G. Dislocation and stabilization: how to scale up from interactions to organizations. In: PUTNAM, L. L.; NICOTERA, A. M. (eds.) *Building theories of organization*: the constitutive role of communication. Nova York: Routledge, 2009. p. 117-52.

_____; TAYLOR, J. R.; EVERY, E. J. V. *Communication as organizing:* empirical and theoretical explorations in the dynamic of text and conversation. Nova Jersey: Lawrence Erlbaum Associates, 2006.

DEWEY, J. *Como pensamos*. São Paulo: Companhia Editora Nacional, 1959.

DRUCKER, P. *Administração de organizações sem fins lucrativos*: princípios e práticas. São Paulo: Pioneira, 1994.

ETZIONI, A. *Organizações modernas.* São Paulo: Pioneira, 1964.

FREITAS, S. G. Liderança e poder: um enfoque comunicacional. In: MARCHIORI, M. (org.). Faces da cultura e da comunicação organizacional. São Caetano do Sul: Difusão, 2006. p. 135-49.

GIDDENS, A. *As consequências da modernidade*. São Paulo: Unesp, 1991.

_____. *A transformação da intimidade.* São Paulo: Unesp, 1994.

GATHER THURLER, M. Innovation et coopération entre enseignants: liens et limites. In: BONAMI, M.; GARANT, M. (org.). *Systèmes scolaires et pilotage de l'innovation*: émergence et implantation du changement. Bruxelas: De Boeck, 1996.

HOFSTADTER, D. R. *Godel, Escher, Bach*: um entrelaçamento de gênios brilhantes. São Paulo: Imprensa Oficial, 2001.

JOHNSON, G. et al. *Strategy as practice*: research directions and resources. Londres: Cambridge, 2007.

LATOUR, B. *Science in action*: how to follow scientists and engineers through society. Milton Keynes: Open University Press, 1987.

LIMA, V. A. *Mídia, teoria e política*. São Paulo: Fundação Perseu Abramo, 2001.

MARCHIORI, M. *Cultura e comunicação organizacional*: um olhar estratégico sobre a organização. 2. ed. São Caetano do Sul: Difusão, 2008.

MARCONDES FILHO, C. A proposição de um novo método de investigação dos estudos de comunicação. *Revista Eletrônica Espiral,* v. 7, n. 25, out./dez. 2005.

_____. Comunicação, uma ciência inexata e contudo rigorosa. In: DRAVET, F.; CASTRO, G. de; CURVELLO, J. J. *Os saberes da comunicação*. Brasília: Casa das Musas, 2007. p. 35-46.

McAULEY, J.; DUBERLEY, J.; JOHNSON, P. *Organization theory*: *challenges and perspectives*. Harlow, Inglaterra: Pearson Education, 2007.

McPHEE, R. D.; ZAUG, P. The communicative constitution of organizations: a framework for explanation. In: THE WESTERN STATES COMMUNICATION ASSOCIATION CONVENTION, 2000, São Francisco, CA. *Anais...* San Francisco, CA: Organizational Communication, 2000.

PUTNAM, L. L.; BOYS, S. Revisiting metaphors of organizational communication. In: CLEGG, S.R.; HARDY, C.; NORD, W. (eds.). *Handbook of organizational studies.* 2. ed. Londres: Sage Publications, 2006. p. 541-76.

_____; PHILLIPS, N.; CHAPMAN, P. Metaphors of communication and organization. In: CLEGG, S. R.; HARDY, C.; NORD, W. R. (eds.) *Handbook of organization studies.* Thousand Oaks, CA: Sage, 1996. p. 375-408.

SCHÖN, D. *The reflective practitioner*: how professionals think in action. Nova York: Basic Books, 1983.

_____. *Educating a reflective practioner.* São Francisco: Jossey--Bass, 1987.

TAYLOR, J. R. Organizing from the bottom up? Reflections on the constitution of organization in communication. In: PUTNAM, L. L.; NICOTERA, A. M. (eds.) *Building theories of organization*: the constitutive role of communication. Nova York: Routledge, 2009. p. 153 -86.

_____; ROBICHAUD, D. Finding the organization in the communication: discourse as action and sensemaking. *Organization*, v. 11, n. 3, 2004. p. 395-413.

TOFFLER, A. *A empresa flexível.* 4. ed. Rio de Janeiro: Record, 1985.

WOOD, J. T. *Relational communication*: continuity and change in personal relationships. 2. ed. Belmont, Califórnia: Thomson Publishing, 2000.

LIDERANÇA TRANSFORMACIONAL: RECIPROCIDADE PELA AÇÃO COMUNICATIVA

Fabio Vizeu

De todas as propostas recentes sobre liderança, certamente uma das mais sintonizadas com o novo contexto de descontinuidade e mudança no qual as organizações contemporâneas estão sujeitas é a liderança transformacional. Com base no estudo seminal de James McGregor Burns (1978), este modelo de liderança tem sido considerado como um tipo de influência que permite que os seguidores exerçam um desempenho organizacional além da expectativa (BASS, 1985). Esse tipo de liderança também se caracteriza pelo alcance e potencial do tipo de influência que se estabelece, tendo em conta que é considerada transformadora na medida em que os liderados são levados a emancipar-se. Nas organizações contemporâneas, a influência transformacional se exprime especialmente pela capacidade visionária em situações problemáticas e/ou desafiadoras que levam a mudanças significativas de comportamento e/ou atitude (BASS, 1985; 1990).

Assim, o objetivo do presente capítulo é analisar as ideias sobre a liderança transformacional à luz das referências teóricas da ação comunicativa, a teoria de ação social do filósofo alemão Jürgen Habermas, verificando as possibilidades que essa proposta de liderança assume ao ser avaliada por uma teoria de cunho crítico e de orientação ontológica interpretativista.

Nesse sentido, torna-se essencial para a aproximação proposta à dicotomia de Habermas (1987) entre a ação estratégica (orientada ao êxito) e a ação comunicativa (orientada ao entendimento intersubjetivo), que parece encerrar os fundamentos ontológicos para a diferenciação entre o gerente e o líder transformacional.

Desse modo, reconhece-se que a Teoria da Ação Comunicativa permite a análise crítica da liderança transformacional, uma vez que contribui para melhor compreensão de alguns de seus elementos, ao mesmo tempo que questiona outros, vislumbrando um entendimento sobre o fenômeno da liderança menos ingênuo, tal qual o apresentado pela visão gerencialista nos estudos da liderança. Uma das contribuições destacadas no presente artigo é a concepção da liderança transformacional como um fenômeno contextualizado pela liberdade de fala propícia à ação comunicativa, tal qual estudos empíricos sobre este modelo de ação têm procurado apontar, no qual os mecanismos de organização que condicionam a interação social são livres de constrangimentos à interação comunicativa plena, permitindo a reciprocidade entre os agentes da liderança.

Pressupostos da liderança transformacional

A perspectiva da liderança transformacional foi apresentada pela primeira vez por Burns (1978). Apesar disso, outros autores da época desenvolveram propostas muito semelhantes, o que fez com que houvesse uma convergência desses estudos para uma mesma abordagem, centrada em um entendimento alternativo à visão gerencialista do contingencialismo – no qual o gerente assume-se como o principal ator de análise da liderança – visão esta que predominava na década de 1970.

A proposta de Burns (1978) sobre a liderança transformacional, além de ter sido a pioneira, é também considerada a de maior influência sobre outros pesquisadores dessa abordagem (BASS, 1999a; DVIR et al., 2002), já que foi com base neste texto seminal que outros importantes pesquisadores desenvolveram suas proposições (por exemplo, Bernard Bass, certamente o mais profícuo no meio acadêmico). Vindo da área de Ciência Política, James McGregor Burns desenvolveu seu texto sobre liderança inspirando-se nos grandes líderes da história política norte-americana (BAILEY; AXELROD, 2001).

Sustentado pelas ideias de Maslow sobre a hierarquia de necessidades e de Kohlberg sobre o desenvolvimento moral (BAILEY; AXELROD, 2001; DVIR et al., 2002), Burns (1978) apresenta dois modelos distintos de liderança, comuns tanto na vida política quanto na esfera privada:

a liderança transacional e a liderança transformacional. A primeira consiste no estilo de liderança com base na capacidade do líder de atender aos interesses particulares dos seguidores; o segundo estilo, por sua vez, corresponde à liderança centrada no desenvolvimento dos seguidores, de maneira a permitir que estes adotem um comprometimento com valores coletivos substantivos.

Para Burns (1978) e outros autores (BASS, 1999a; DVIR et al., 2002), os líderes transacionais são aqueles que enfatizam sua capacidade de influência no poder de garantir atendimento das necessidades que os seguidores apresentem, seguindo uma lógica utilitarista de recompensa e punição, ou mesmo de barganha. Nesse sentido, não há no modelo transacional uma preocupação com a coletividade ou com princípios moralmente determinados, por isso, diz-se ser um modelo que enfatiza o autointeresse (seja dos seguidores, seja do líder), em uma relação de troca orientada instrumentalmente. Além disso, Burns enfatiza que o modelo de líder transacional, por não ter uma preocupação com o desenvolvimento moral dos seguidores, geralmente atende às necessidades mais baixas da hierarquia de Maslow (fisiológicas, de segurança, sociais e de estima), que, geralmente, dizem respeito a expectativas contratuais (BASS, 1985).

Por outro lado, os líderes transformacionais, segundo Burns (1978), inspiram moralmente seus seguidores, e, assim fazendo, estimulam o desenvolvimento de necessidades de autorrealização e comprometimento com valores e interesses coletivos. Como sugerem Dvir et al. (2002, p. 736), "diferentemente dos líderes transacionais, que se concentram no atendimento de necessidades atuais, os líderes transformacionais fazem emergir necessidades latentes". Sob o ponto de vista do desenvolvimento moral, o líder transformacional leva seus seguidores a transcender seus interesses egoísticos em nome dos valores da coletividade na qual estão inseridos. Para tanto, utilizam competências interativas específicas, tais como a inspiração visionária, a comunicação e o empoderamento (*empowerment*) (BURNS, 1978; BARBUTO Jr., 1997; DVIR et al., 2002; BASS, 1985; 1999a).

Além de Burns, outro importante pesquisador da liderança transformacional foi Bernard Bass. Sem sombra de dúvidas, esse autor foi o mais profícuo pesquisador do modelo de liderança transformacional, particularmente sob o ponto de vista da sistematização de metodologia para pesquisa empírica e da construção conceitual necessária a tal intento. Nesse sentido, uma importante diferença entre Burns (1978) e Bass (1985; 1990) é que este último explorou diretamente as premissas apresentadas pelo primeiro no contexto das organizações produtivas. Assim, o segundo autor tem sido mais referenciado que o primeiro apenas na medida em que ele desenvolveu um modelo mais amplo e sistemático, que permitiu o desenvolvimento de pesquisas organizacionais empíricas. Isso porque Bass desenvolveu sua modelagem baseando-se em inferências mais diretas sobre a relação entre a liderança e o desempenho coletivo, seja ele considerado na esfera micro (pequenas empresas e grupos), macro (grandes organizações) ou metassocial (movimentos sociais ou lideranças de Estado ou mundiais).

Em relação à perspectiva de Burns, Bass apresenta uma postura mais comportamentalista sobre a liderança transformacional, que pretende enfatizar aspectos que possibilitem a identificação de um padrão comportamental específico. Certamente, a ênfase na elaboração de instrumentos métricos dada pela tradição acadêmica de Bass foi estimulada pelo interesse utilitarista da prática científica, comum ao conhecimento de natureza técnico-cognitivo, que, nas ciências sociais, caracteriza-se pela tradição positivista (HABERMAS, 1975). A instrumentalização da proposição de Burns empreendida por Bass e seus seguidores se deu de maneira a possibilitar que organizações adotassem programas de seleção e desenvolvimento de líderes. Entretanto, tal intento acabou provocando distorções perigosas, que contradizem fundamentos importantes lançados por Burns, idealizador da perspectiva.

A principal distorção da tradição de Bass em relação à proposta original de Burns é a adoção de uma visão reducionista do conceito de liderança transformacional. Como sinalizado, Burns (1978) identifica esse fenômeno como uma relação dual e uma prática coletivamente situada. Mesmo considerando o importante papel do líder na construção da liderança transformacional, Burns (1978) enfatiza o processo antes como uma construção coletiva que individual, em que o líder é aquele que assume um papel de facilitador da emancipação dos liderados, partindo da interação centrada em uma visão coletiva com base em valores compartilhados. Assim, para Burns, o líder transformacional se contrapõe ao transacional justamente porque atua favorecendo a perspectiva substantiva do grupo (o que se denominou "visão"), sem perder de vista a autonomia do indivíduo enquanto tal.

Por outro lado, as condições para o estabelecimento da liderança transformacional se constituem também pela participação do grupo, que, por sua vez, assumirá uma postura psicológica diferente daquela impressa na relação transacional. Assim sendo, a ideia por trás da concepção de Burns (1978) sobre "transformação" é a ainda basilar questão da ciência política, ou seja, a possibilidade da emancipação do sujeito dentro de um contexto socialmente determinado, em suma, a possibilidade da vida política defendida pelos filósofos gregos. É por esse motivo que Burns (1978) recorre à teoria do desenvolvimento moral de Kohlberg para situar a referência psicológica presente na liderança transformacional: a interação social é permeada pela postura psicológica pós-convencional, na qual os agentes da liderança transformacional (líder e liderados) assumem valores que para eles são referências existenciais a orientar sua autopercepção de virtude, que, em suma, é a concepção aristotélica de ética (HABERMAS, 1989). Não é por acaso que Burns (1978) se inspira nos grandes estadistas que, envoltos em contextos de liderança que afloraram em momentos históricos graves, conduziram seu próprio grupo de referência na defesa de seus valores fundamentais, aqueles que representavam a base cultural de sua própria sociedade.

Nesse sentido, a identificação dos atributos do líder transformacional (proposta por Bass [1985; 1990] e Avolio e Bass [1991]) é relevante apenas no sentido de indicar uma postura favorável a um contexto emancipador. Por outro lado, o comportamento caracterizado na liderança transacional também sugere outro contexto, centrado na troca utilitarista e em que os valores substantivos de grupo não são considerados na ação coletiva. No comportamento transacional, a fonte de coordenação do esforço coletivo é artificialmente criada pelo líder, pelo atendimento de interesses pragmáticos dos indivíduos. Tendo em conta especificamente as organizações produtivas modernas, a postura transacional parece ser a referência predominante, dada principalmente pela perspectiva do gestor como um ator racional.

Os elementos da Teoria da Ação Comunicativa

A Teoria da Ação Comunicativa (TAC) é uma teoria social que se fundamenta na centralidade da comunicação enquanto processo de significação do real e de articulação do social (ARAGÃO, 1997). Em outras palavras, a TAC parte do pressuposto de que a realidade humana é apreendida pela competência linguística, seja em sua natureza objetiva (o mundo concreto dos fatos), subjetiva (o mundo interior ou a subjetividade) ou mesmo normativa (o mundo das normas sociais). Além disso, é pela comunicação que articulamos nosso entendimento sobre a realidade com aqueles com quem necessitamos viver juntos. Para definir esse processo, Habermas (1987) recupera da fenomenologia o termo "intersubjetividade", no qual se pressupõe que, no âmbito das relações sociais, é pelo alinhamento das percepções subjetivas que se constitui objetivamente a ação coletiva e, consequentemente, a possibilidade do social.

A racionalidade comunicativa consiste em uma ressignificação do atributo racional intentada por Habermas (1987). Para esse autor, tendo em conta a pluralidade ontológica da natureza humana – o que significa dizer que, para o ser humano, a realidade se constitui em diferentes esferas de mundo, uma objetiva, uma subjetiva e outra normativa (esta última, determinada pela noção de legitimidade) –, algo somente poderia ser considerado racional se fizesse sentido em todas estas três dimensões ontológicas. Ou seja, uma ação racional seria aquela que, para todos os sujeitos implicados, fizesse sentido sob a perspectiva dos fatos (ontologia objetiva), dos sentimentos (ontologia subjetiva) e da retidão e/ou legitimidade social (ontologia normativa), destacando-se, nesta última, a dimensão moral. Além dessas três esferas ontológicas, Habermas (1987) considera a necessidade de que as relações mediadas comunicativamente também sejam inteligíveis, sob risco de corromper o sentido e, consequentemente, o entendimento. Para isso, Habermas identifica na filosofia da linguagem de cunho analítico os pressupostos de validade do ato de fala, em que se encontra o fundamento da racionalidade comunicativa.

Para Habermas (1987), tendo em conta o fato de o mundo social ser mediado por diferentes esferas ontológicas (objetiva, subjetiva e normativa), a racionalidade da ação humana deve ser capaz de contemplar justificativas nessas diferentes esferas, sob pena de se configurarem racionalidades limitadas ou restritas. Para esse autor, este é o problema da racionalidade instrumental, que se estabelece como uma referência inadequada para a ação social. Isso porque o cálculo utilitário de consequências é uma orientação racional apenas no sentido ontológico objetivo. Se considerarmos, por exemplo, questões morais, as decisões racionais-instrumentais – por desconsiderarem em sua lógica interna os valores – perdem o sentido (logo, deixam de ser racionais). Assim, para agirmos em conjunto com outras pessoas e de forma livre (por vontade própria), precisamos considerar a ação como sendo plenamente racional, o que significa dizer que precisa fazer sentido para nós – eu e o outro – em todas as esferas ontológicas que condicionam nossas vidas. Essa é, de acordo com Habermas, a essência da vida social emancipada.

Para serem possíveis as ações sociais orientadas pela racionalidade comunicativa, Habermas (1987) indica que os sujeitos envolvidos na articulação da ação precisam negociar argumentativamente, o que implica estabelecer uma interação comunicativa livre de constrangimentos e orientada para o entendimento intersubjetivo. Para que os critérios de racionalidade sejam contemplados, os argumentos propostos devem representar aquilo que os interlocutores realmente entendem como verdadeiro – pretensão de validade objetiva (O que está sendo dito é verdadeiro?) –, sentem sinceramente – pretensão de validade subjetiva (O que está sendo dito é sincero?) –, acreditam ser os valores e princípios de retidão legitimados em sua sociedade – pretensão de validade normativa (O que está sendo dito é legítimo ou moralmente válido?) – e ser inteligíveis – pretensão de inteligibilidade (O que está sendo dito é inteligível?). A interação humana orientada para o entendimento é a verdadeira relação dialógica, e é denominada **ação comunicativa** por Habermas. Para Habermas, é somente pela ação comunicativa que se é possível conciliar um acordo entre sujeitos livres, pois é nessa categoria que residem a argumentação livre e a significação intersubjetiva, em que se consideram aspectos de verdade, de sinceridade, de retidão de inteligibilidade.

Por outro lado, Habermas indica que a predominância em nosso período histórico de uma concepção de racionalidade instrumental faz com que as relações sociais tenham um caráter monológico, em que o sujeito envolvido na ação, em nome do êxito pessoal, usa de argumentos na relação com seu interlocutor que, sob o estrito sentido da ontologia humana, não são válidos. É assim que, no mundo moderno, vemos pessoas manipulando o sentido da verdade dos fatos, da sinceridade nas manifestações e expressões pessoais de sentimento, das justificações morais de seus atos e da inteligibilidade do que é dito – tudo em nome do êxito pessoal na ação. Esse comportamento, apesar de ser considerado racional sob o ponto de vista da lógica instrumental, não o é sob o critério comunicativo. Denominada **ação estratégica**, a manipulação dos sentidos estabelecida nas relações monológicas em nossa sociedade é fruto da orientação para o êxito, em que o critério da intersubjetividade na interação humana é suplantado pelo critério da racionalidade instrumental. Essa manipulação de sentidos é intitulada por Habermas (1987) comunicação sistematicamente distorcida e reflete um dos mais contundentes mecanismos de alienação do período atual.

Em síntese, Habermas enquadra teoricamente as contradições da modernidade por meio da contraposição entre o agir estratégico – que corresponde a um tipo agir socialmente contraditório, no qual a orientação racional é limitada por se referir a uma única esfera ontológica, a objetiva – e o agir comunicativo – este, permeado por todas as pretensões de validade racional, ou seja, a verdade, a sinceridade, a retidão e a inteligibilidade. Por outro lado, é nesta última categoria que, segundo o autor, pode-se vislumbrar a possibilidade de emancipação social, pois é nela que encontramos a referência psicológica da comunidade linguística.

Como saída para o problema da distorção comunicativa, Habermas aponta a construção de contextos sociais que favoreçam a comunicação plena. Esses contextos se constituem pela recuperação da interação face a face que se estabelece no mundo vivido (ARAGÃO, 1997), em que não se usam mecanismos sistêmicos de mediação da interação humana que são contaminados pela lógica da racionalidade instrumental (o sistema burocrático e o sistema de regulação monetária da economia capitalista).

A liderança transformacional e a ação comunicativa

O ponto de partida para se avaliar o modelo de liderança transformacional com base nas premissas da TAC é considerar que, sendo este tipo de liderança uma relação de influência orientada por valores socialmente compartilhados, o líder atua como um importante agente promotor de espaços de fala livres de distorção comunicativa. Nesse sentido, dois fatores da liderança transformacional são essenciais para tal possibilidade: o foco no desenvolvimento reflexivo dos liderados e a conduta fortemente determinada pela moral.

Como vimos, o líder transformacional promove a reflexividade entre os membros da organização, seja porque eles próprios assumem essa postura, seja porque "os seguidores são apoiados [por ele] para questionar seus próprios valores, crenças e expectativas, e aqueles do líder e da organização, que podem ser desatualizados ou inapropriados para problemas correntes" (BARBUTO Jr., 1997). Os indicadores da liderança transformacional apresentados por Burns (1978) e por Bass (1985; 1990) e seus colaboradores, quando observados em seu conjunto, representam importantes condicionantes para a reflexividade, pois induzem ao compromisso com a coletividade. O ideal compartilhado também representa um fator importante, na medida em que é com base neste que a visão de grupo é constituída coletivamente e de forma livre, tendo em conta que não é imposta aos indivíduos, mas por eles é assumida como algo desejável, em substituição à ação centrada nos interesses egoísticos.

Na perspectiva habermasiana, o atendimento dos interesses individuais em detrimento da visão de grupo é representado pela comunicação orientada ao êxito que se estabelece na ação estratégica. Nesta, membros de um mesmo grupo se posicionam como agentes de uma disputa, na qual cada um considera o outro um obstáculo a ser vencido. O recurso à negociação transacional – o modelo de influência oposta à liderança transformacional – é um mecanismo de influência teleológica, em que a barganha para atender aos interesses individuais ocorre sem consideração a valores ou objetivos socialmente legítimos e moralmente desejados, o que, na perspectiva da teoria de Kohlberg sobre desenvolvimento moral, indica um estágio psicológico pré-convencional. Esse estado psicológico foi sinalizado por Habermas (1989) como o determinante de uma interação social antes permeada por pragmatismo que por orientação ética e moral. Também para Burns (1978) – que, similarmente a Habermas, utiliza a teoria de Kohlberg sobre desenvolvimento moral –, a liderança transformacional é suportada pela orientação pós-convencional, na qual a orientação da ação transcorre livre de pragmatismo, pois os atores já internalizaram os valores e as orientações morais como valores a serem perseguidos por si mesmos.

Todavia, para Burns (1978), um dos papéis centrais do líder transforma-cional é atuar de forma que o grupo se sinta estimulado a adotar a perspecti-va pós-convencional. É por isso que Bass identifica o líder transformacional com base em características como "inspiração", "estimulação" e "consi-deração". Na verdade, antes de ser alguém que determina o que o grupo fará, o líder transformacional é aquele que inspira o grupo a assumir uma atitude reflexiva, a reconhecer-se como grupo e a perseguir seus próprios valores existenciais. É por isso que os casos de liderança que serviram de inspiração para Burns (1978) foram os de grandes estadistas norte-ameri-canos que se notabilizaram por uma grande causa com base em princípios e valores existenciais – por exemplo, Abraham Lincoln, que se notabilizou como defensor do direito universal à liberdade e da abolição da escravidão. De acordo com Burns (1978), a mobilização que o líder transformacional obtém de seu grupo é antes fruto de um comprometimento deste com uma causa compartilhada pelo grupo que da influência pessoal tradicionalmente associada à figura do líder.

Esse é o motivo para o afastamento do termo "carisma" da literatura da liderança transformacional, uma vez que o carisma é um atributo de influência pessoal, que não precisa necessariamente refletir o comparti-lhar de valores (BARBUTO JR., 1997). Tendo em conta que, no sentido original cunhado por Weber, carisma é uma fonte de influência que se baseia na diferenciação entre o líder e o seguidor, na qual o líder carismá-tico é detentor de um dom de natureza divina (o carisma), é nessa "mágica pessoal" que reside a fonte do poder de influência. Em outras palavras, quando há essa diferenciação, não é possível o questionamento da vonta-de do líder, o que descaracterizaria um pressuposto essencial na relação comunicativa plena. Como afirma Barbuto Jr. (1997, p. 693), "líderes ca-rismáticos tendem a manter os seguidores fracos e dependentes, a partir da lealdade pessoal e da obediência inquestionável" – fato que compromete o princípio da reciprocidade na interação intersubjetiva.

Assim sendo, o líder transformacional é aquele que inspira por meio do ideal, sendo este a representação simbólica de um sistema moral articu-lado comunicativamente pelo grupo e no qual se estabelece a coordenação da ação coletiva. Nesses termos, a ação moralmente situada presente na liderança transformacional é a mesma orientação substantiva da ação comunicativa, que busca o entendimento intersubjetivo pelo ajuste das referências ético-morais que o grupo compartilha. Quando não há tal ajuste, não é possível a coordenação coletiva da ação; quando a comunicação não é livre de distorção ou de constrangimentos linguísticos, significa que o líder não assume a "consideração individualizada" do liderado (AVOLIO; BASS, 1991), e este último se constitui meramente como um recurso para a obtenção do êxito pragmático (HABERMAS, 1989).

Outro ponto importante a ser considerado na avaliação do modelo de liderança transformacional à luz da TAC é a dicotomia "ação estratégica" e "ação comunicativa" proposta por Habermas, que pode ser associada respectivamente a dicotomia "líder transacional" e "líder transformacional" (BURNS, 1978; BASS, 1985). Assim, assume-se com base na TAC que o líder transformacional adota uma racionalidade alternativa – aquela que permeia a lógica da própria área de administração clássica (que é a racionalidade instrumental, voltada para a eficiência organizativa e para o êxito pessoal no ato de gerenciamento). Ou seja, para que se estabeleça a liderança transformacional, é necessário antes negar as premissas da racionalidade administrativa, referências estas fortemente presentes nas organizações em que atuamos (também podemos dizer, dentro da sociedade em que vivemos).

Por sua vez, a racionalidade comunicativa, sendo suportada pela ideia de intersubjetividade, é uma referência conceitual importante para a compreensão do papel do líder enquanto um articulador do ajuste livre dos sentidos assumidos pelo grupo. Para tanto, o líder transformacional adota uma postura aberta à autorreflexividade, o que pressupõe estar aberto ao questionamento de seus próprios conceitos, na mesma medida que os seguidores também são estimulados a agir reflexivamente. Assim, aceitar o argumento do outro e chegar a um consenso que norteará a ação conjunta e uma postura que deve ser assumida pelo líder e pelos liderados; o primeiro assume o papel de estimular este estado de espírito, seja pelo exemplo, seja pela construção de um contexto favorável ao diálogo e a reflexão livres. Por isso, para serem coerentes, os estudos sobre a liderança transformacional devem se afastar da ideia de que o líder molda a mente dos seguidores. Na verdade, tendo em conta a TAC, o líder exerce seu "poder" de influência antes por sua habilidade de promover a liberdade de expressão, pelo reconhecimento do outro e dos valores existenciais compartilhados pelo grupo e, especialmente, incentivando os outros membros do grupo a também assumirem uma postura reflexiva. Somente assim podemos aceitar que o grande papel do líder transformacional seja o de promover a emancipação dos seguidores, tal qual se propõe com a qualificação desse tipo de liderança.

Conclusão

Em nossas considerações finais, a primeira tarefa que se apresenta nesta tentativa de aproximação entre duas referências teóricas de natureza tão distinta é considerar os limites desse intento. Desse modo, devemos nos questionar: é possível pensar em um modelo de liderança permeado pela ação comunicativa?

Em resposta, o primeiro obstáculo que reconhecemos diz respeito à noção de **influência** que transparece como uma referência central para a abordagem de liderança transformacional. Mesmo se configurando como um modelo que visa à emancipação pela ação humana coletivamente orientada, persiste na construção teórica proposta da liderança transformacional a ideia de que a liderança é uma relação de influência, na qual um influencia e outros são influenciados. O perigo dessa noção quando se constitui a interação social à luz da perspectiva habermasiana é o de comprometer o principal elemento de constituição de um espaço de fala livre, a reciprocidade. Nesse sentido, não se pode conceber a ação comunicativa com base em relações de poder assimétricas. É por isso que defendemos o modelo de liderança transformacional desvinculado da ideia de autoridade formal, algo nem sempre buscado pelos adeptos desta abordagem, tal como Bass (1985; 1990). É por mais esse motivo que reforçamos que não somente o gerente pode assumir uma perspectiva de liderança transformacional, mas, também, aqueles sem autoridade formalmente instituída. Na verdade, estes seriam os grandes agentes da liderança transformacional, tendo em conta que a autoridade formal é um constrangimento pré-linguístico para a ação comunicativa.

Em adição a isso, ressaltamos a necessidade do reconhecimento mútuo: a consideração do outro como um membro do grupo de referência do qual pertencemos, com direitos e vontade legítimos. Como observado, essa postura psicológica é fundamental para o favorecimento da liderança transformacional, não sendo suficiente apenas a ruptura com os mecanismos de autoridade formal que se impõem como constrangimentos pré-linguísticos.

Por conseguinte, o desafio para o estabelecimento da liderança transformacional nas organizações modernas é justamente o fato de esses espaços sociais serem fortemente condicionados para a postura psicológica de negação de valores existenciais e de grupo, tendo em vista que, em nossa sociedade, a orientação técnico-econômica das relações de mercado capitalista é considerada a principal medida. Mesmo nas relações sociais não econômicas, a lógica de mercado se faz mais forte, suplantando outras referências da conduta humana. Ser pragmático é a grande medida da administração nessas organizações, e, por isso, não se estabelece um contexto favorável para a integração transformadora. Os valores existenciais – a base da liderança transformadora – são obscurecidos pelo valor do dinheiro e do poder burocrático.

Referências

ARAGÃO, L. M. de C. *Razão comunicativa e teoria social crítica em Jürgen Habermas*. 2. ed. Rio de Janeiro: Tempo Brasileiro, 1997.

AVOLIO, B. J.; BASS, B. M. *The full range of leadership development*: basic and advanced manuals. Binghamton, NY: Bass, Avolio & Associates, 1991.

BAILEY, J.; AXELROD, R. H. Leadership lessons from Mount Rushmore: an interview with James MacGregor Burns. *Leadership Quarterly*, v. 12, p. 113-27, 2001.

BARBUTO JR., J. E. Taking the charisma out of transformational leadership. *Journal of Social Behavior and Personality*, v. 12, n. 3, p. 689-97, 1997.

BASS, B. M. *Leadership and performance beyond expectations*. Nova York: Free Press, 1985.

_____. From transactional to transformational leadership: learning to share the vision. *Organizational Dynamics*, v. 18, n. 3, p. 19-31, 1990.

_____. Two decades of research and development in transformational leadership. *European Journal of Work and Organizational Psychology*, v. 8, n. 1, p. 9-32, 1999a.

_____. Ethics, character, and authentic transformational leadership behavior. *Leadership Quarterly*, v. 10, n. 2, p. 181-218, 1999b.

BURNS, J. M. *Leadership*. Nova York: Harper and Row, 1978.

DVIR, T. et al. Impact of transformational leadership on follower development and performance: a field experiment. *Academy of Management Journal*, v. 45, n. 4, p. 735-44, 2002.

HABERMAS, J. Conhecimento e interesse. In: *Textos escolhidos*. São Paulo: Abril Cultural, 1975. p. 291-302. (Coleção Os pensadores).

_____. Teoría de la acción comunicativa: racionalidad de la acción y racionalización social, tomo 1. Madri: Taurus, 1987.

_____. Para o uso pragmático, ético e moral da razão prática. *Estudos Avançados*, São Paulo, v. 3, n. 7, p. 4-19, set./dez. 1989.

SHAMIR, B. The charismatic relationship: alternative explanations and predictions. *Leadership Quarterly*, v. 2, p. 81-104, 1991.

LIDERANÇA E PODER: UM ENFOQUE COMUNICACIONAL

Sidineia Gomes Freitas

A título de ilustração

O bom senso indica que o poder é resultado natural de pessoa ou grupos de pessoas que, por competência, lideram determinados ramos da atividade humana, e mais, que a liderança atribui naturalmente poder. Ledo engano, pois é possível atribuir-se poder sem liderança, e esta, por sua vez, pode atrapalhar bastante as estruturas de poder. Parece também que liderança significa uma habilidade natural, geralmente com conotação positiva, enquanto o poder evoca algo nefasto, desgastante e que deve ser combatido. Há ainda aqueles que não desvinculam a liderança do poder, tratando os significados e conceitos como sinônimos, na medida em que aceitam a existência do poder legítimo com base na liderança que o representa.

Fato é que tanto o poder como a liderança são necessidades sociais, e a história demonstra muito bem que, quando a liderança e o poder se somaram, grandes feitos foram realizados por líderes que detiveram o poder.

O filho do rei Felipe II, Alexandre, o Grande, nasceu em 356 a.C. na Macedônia e cedo se destacou por sua inteligência e coragem. Educado por Aristóteles, que lhe ensinou retórica, política, medicina, ciências e geografia, recebeu de seu pai ensinamentos sobre a arte da guerra, preparando-se para o comando. Assim, aos 18 anos venceu o batalhão de Tebas em Queroneia. Com a morte de seu pai, assumiu o trono da Macedônia e iniciou a expansão territorial do reino. Conquistou o Império Persa, a Síria, o Egito e fundou Alexandria, cidade que se converteu em um dos grandes centros culturais da Antiguidade. Proclamado rei da Ásia e sucessor da dinastia persa, chegou até a Índia, onde fundou colônias militares e cidades.

Alexandre, o Grande, morreu na Babilônia, e seu império, que com tanto esforço edificou e produziu harmonia entre o Oriente e o Ocidente, desmoronou-se, pois, detentor que era de tantas qualidades, foi impossível sua substituição no governo de território tão amplo e complexo.

Platão (apud ZALESNIK; DE VRIES, 1981) sugeria que os líderes detivessem o dom da reflexão e a perspectiva oferecida pela educação, pois "um intelecto educado possui capacidade tanto para a imaginação como para o autocontrole".

São vários os exemplos da história da civilização que apontam os grandes feitos decorrentes das qualidades dos grandes líderes, a exemplo de Nelson Mandela, Mahatma Ghandi, Charles de Gaulle, Napoleão Bonaparte, Elizabete I, Patton, Abraham Lincoln e tantos outros que se destacaram por seus grandes feitos, existindo ainda aqueles que marcaram a liderança por atos hediondos e por alto grau de perversidade, a exemplo de Adolf Hitler.

Os estudos sistemáticos sobre liderança (CHIAVENATO, 1979) datam de 1904. O assunto sempre despertou interesse, mas os traços comuns de personalidade dos líderes e os modos como alçaram posições de chefia ganharam destaque no período entre as duas grandes guerras mundiais.

O avanço da pesquisa sobre o tema demonstrou que há dificuldades para se estabelecer uma definição única de liderança, dado seu significado abrangente e o reconhecimento de que não bastava apenas estudar a personalidade do líder, mas também a situação ou circunstâncias em que se manifestava a liderança, pois se trata de um processo complexo que envolve líder, liderados e todo o contexto social, político e econômico em que o processo se desenvolve.

O avanço permitiu que, a partir das décadas de 1960 e 1970, a liderança fosse definida como situacional (HERSEY; BLANCHARD, 1974; TANNENBAUM; WESCHLER; MASSARIK, 1961) e se destacou a capacidade do líder de influenciar comportamentos. Harold Koontz e Cyril O'Donnel (apud HERSEY; BLANCHARD, 1974) chegaram a afirmar que liderar é basicamente influenciar pessoas para que busquem realizar um objetivo comum. Por via de regra, o objetivo comum representa os valores, as motivações, as aspirações, as necessidades e expectativas não apenas do líder, mas também dos liderados, e a forma como líderes enxergam e trabalham as motivações, os valores, as necessidades é que define o perfil da liderança. Portanto, não basta querer ser líder, é preciso saber ser líder. Também não basta parecer líder; posto que certos cargos ocupados indicam liderança, reafirmo: é necessário saber ser.

Alguns nomes na literatura corrente marcaram os estudos de liderança, assim Douglas McGregor (apud HERSEY; BLANCHARD, 1974) é amplamente citado com a base da teoria X e teoria Y, e, segundo o autor, a liderança não é apenas atributo da pessoa, mas uma combinação de quatro elementos: (1) as características do líder; (2) as atitudes, necessidades e outras características dos liderados; (3) as características da organização e, em especial, a tarefa a ser realizada e (4) a conjuntura social, econômica e política.

Para McGregor, há suposições a respeito da natureza humana e da motivação do homem e, uma vez que há suposições, definiu basicamente duas formas de controle nas relações entre líder e liderados. Na teoria X, supõe-se que as pessoas preferem ser dirigidas, afastam-se de responsabilidades e buscam segurança. Essa forma ou filosofia se baseia na crença de que as pessoas são motivadas por dinheiro, vantagens no emprego e temem a ameaça do castigo. Os liderados não merecem confiança e a supervisão efetua o controle direto sobre os liderados. Em clara oposição, na teoria Y, supõe-se que, se o homem tiver condições e ambiente de motivação, será capaz de autodirigir-se e será criativo no desempenho de suas funções. Nesse caso, o líder terá de ser capaz de motivar e despertar o potencial individual dos liderados, não havendo nem controle nem supervisão rigorosa no ambiente de trabalho. O perfil de cada liderado deve ser considerado.

Os estudos sistemáticos foram sendo aprofundados, inclusive com pesquisas empíricas e baseadas em características mais complexas das relações líder e liderados. Por exemplo, os estudos de liderança da Universidade de Michigan; os estudos de Rensis Likert; e os da Ohio State University, autora dos quadrantes de liderança com base em dois grandes eixos: a chamada "Estrutura Inicial" que se referia ao comportamento do líder em relação aos membros do grupo de trabalho, ao estabelecimento de formas de organização do trabalho, aos canais de comunicação e aos métodos de ação. O quadrante "Consideração" implicava o comportamento que indicava a amizade, a confiança mútua, o afeto estabelecido na relação entre o líder e os membros de sua equipe. Assim foi que Andrew Halpin (apud CARVALHO, 2003) indicou que a liderança eficiente apresentou resultados elevados tanto no quadrante "Estrutura" como no "Consideração".

Os quadrantes de liderança foram substituídos pelos estudos de Kormam, Likert e Fiedler, Blake, Mouton e outros. Sabe-se hoje que diferentes situações de liderança exigem estilos diferentes de liderança, não existindo uma única teoria que explique totalmente o fenômeno.

Gibson (1981) apresentou o chamado "modelo integrado", que auxilia na compreensão do papel do líder, a saber:

» Autoconsciência do líder: é necessária na medida em que o líder que não tem consciência do impacto de seu estilo sobre os outros trabalha em condições difíceis.

» Características do grupo: o líder deve fazer um diagnóstico de características grupais com aptidões, maturidade, expectativas, normas, tamanho e coesão. Sua eficácia ajudará o grupo a determinar caminhos, metas e os problemas que estão bloqueando a consecução destas metas.

» Compreensão das características individuais: o líder deve ter familiaridade com a complexidade das personalidades, atitudes, percepção e motivação. O líder eficaz integrará os diversos tipos de pessoas no grupo e liderará de forma positiva tantas quanto forem possíveis.

» Compreensão da motivação: a motivação está relacionada a comportamento, desempenho, satisfação e recompensas (inclusive as não materiais).

A sistematização dos estudos acerca da liderança permite afirmar que o líder eficaz tem grande capacidade de adaptação de seu estilo de liderança às necessidades das situações e de seus seguidores e tem potencial para a eficiência em várias situações. São sensíveis e perceptivos quanto ao ambiente em que se encontram (é o que indicam os estudos acerca do coeficiente emocional [QE]). O ambiente passa a ser o seu estilo de comportamento. Influencia seus seguidores, seus superiores, colegas, organização e outros componentes da interação que se faz necessária. Depende também do tempo de que dispõe para a tomada de decisão e compreende os objetivos e metas que se propõe a alcançar. Influencia, sabe ouvir e principalmente reconhece a constante necessidade de aperfeiçoamento.

Não existe fórmula ou fábrica de líderes, mas certamente a preparação e o treinamento dos que apresentam potencial para a tarefa beneficiam qualquer grupo ou sociedade e, dependendo da situação, a liderança poderá ser orientada para a tarefa, para as pessoas ou para ambos os casos; poderá ter necessidade de ser carismática, diretiva, emergente, formal, moral e de tantos outros tipos que o homem venha a criar, mas sempre dependerá do poder, da competência comunicacional e dos limites que lhes serão impostos em âmbito social ou organizacional, em razão dos valores, inclusive éticos, de determinada sociedade.

Liderança e poder: mecanismos de influência

O poder pode ser estudado simplesmente como uma capacidade. A capacidade de ver, andar, sentir, olhar, falar, significando que, de forma total ou parcial, todos têm poder.

O termo "poder" é abrangente em seus significados, termo polissêmico que pode ser sinônimo de tirania, respeito, influência, autoridade, capacidade para decidir, domínio de pessoas ou de uma nação sobre outras, carisma, manipulação, amor, força, coação.

Enquanto necessidade social, o poder é identificado na composição das estruturas sociais, pois, para que ele ocorra, é necessário o consentimento de outrem. Assim se manifesta nas sociedades tribais (o poder do pajé, por exemplo) ou em sociedades mais civilizadas que constituem o conselho dos anciãos, que detém autoridade para decidir, aconselhar.

O homem atribui poder sem que o perceba, pois implica delegação de responsabilidades. Sem dúvida, foi em função do ato de delegar que a sociedade acabou por construir a figura do Estado, da Nação e de seus legítimos representantes. Assim Rousseau (apud FREITAS, 1987) identificou o poder legítimo como aquele oriundo das massas, pois é o povo que atribui poder. Em contrapartida, levanta-se aqui a questão da legitimidade do poder e a consequente aceitação do contrapoder, da oposição.

Não há uma teoria do poder, assim como não há uma teoria da verdade. E o que é a verdade? A verdade é o que está contido naquele discurso que se aceita e sempre o julgamento dar-se-á relativamente aos interesses em jogo. Estarão presentes, assim como as ideologias, os valores, a ética, a moral, o "olhar" que dedicamos a uma situação, um discurso ou um fato social.

Tanto quanto a liderança, o poder percorre a história da civilização, e o homem, ator principal desta história, luta cada vez mais por parcelas, até migalhas de poder. Observa-se na sociedade brasileira, cujos traços culturais básicos se dão pela importância dada aos relacionamentos, pelo paternalismo, pelo nepotismo, por um ranço de autoritarismo, ou pela vaidade que faz parte da natureza humana, que todos querem ser presidente: nos clubes, nas associações de bairro, nos conselhos, nos grêmios recreativos ou em instâncias de grande responsabilidade: nas corporações, na Câmara dos Deputados e no Senado. No entanto, como, para o sistema capitalista, *power is money*, muito interessam os benefícios financeiros que determinados cargos oferecem. Não são o poder e a vaidade humana que prevalecem apenas. Na sociedade capitalista, o poder está centrado no capital.

Entre os sinônimos que se podem atribuir ao termo poder, aparece a influência. A liderança influencia e, talvez por este motivo, é vista e analisada como sinônimo de poder. Não basta, porém, querer influenciar; é preciso ter capacidade para influenciar.

Os métodos ou formas de influência nem sempre são evidentes. O ambiente e o magnetismo pessoal de líderes interferem.

Entre os métodos ou formas de influência evidentes, podem-se observar a força, o estabelecimento de regras e procedimentos, o intercâmbio que ocorre em negociações e barganhas; entretanto, a persuasão é um forte componente da liderança, pois se baseia na credibilidade da fonte que, somada ao ambiente de uma organização e o magnetismo pessoal do líder, determina os níveis de desempenho e os resultados obtidos pelo grupo ou organização.

O ambiente organizacional, estudado por alguns autores também como clima das organizações, analisa a relação entre o ambiente e o comportamento, individual ou coletivo, que ocorre dentro dos espaços físico, psicológico e sociológico que determinam o uso de diferentes fontes ou instrumentos de poder, pois a forma como as coisas são feitas interfere diretamente no comportamento dos indivíduos. Entretanto, muitos executivos menosprezam o ambiente organizacional e o reconhecem somente após a instalação de conflitos que podem vir a transformar-se em crises. Deveriam, no entanto, em vez disso, preparar as organizações para a prevenção de problemas, pois cabe ao líder decidir os rumos que serão seguidos por seus liderados.

O poder do líder pode ser resultado da atração que um indivíduo provoca em razão de seu magnetismo pessoal decorrente de um fator de personalidade que, somado ao conhecimento, leva-o ao preenchimento de importantes cargos. É um líder em que se confia, mas a confiança pode ser destruída por um único passo em falso e, uma vez perdida, é difícil recuperá-la nas relações de poder que se estabelecem entre líder e liderados.

A influência também provoca a submissão, que não deixa de ser uma forma de omissão de responsabilidades. Entre as várias implicações decorrentes da influência, é possível encontrar a identificação, a internalização, a socialização e as mudanças de atitudes, posto que as relações entre líderes e liderados são relações de dominação, por mais democráticas e sutis que o sejam.

A identificação funciona como comprometimento, mas não se mantém isoladamente, pois depende do magnetismo do líder que a detém. A internalização, por sua vez, tem alcance mais profundo, pois indica um comprometimento total e, de forma autossuficiente, pode levar à falsa autoria de planos, projetos por parte do líder que emprestam seu poder, sua influência e seu prestígio a assuntos de interesse e valor.

A socialização implica instrução, enquanto treinamento ou aprendizado, ou na coopção e na mortificação. Por coopção, entende-se adaptação a novos comportamentos e mudanças de atitude, posto que o grupo torna-se referência para os envolvidos.

A mortificação fortalece a identificação. Por exemplo, estagiários alvos de sátiras de funcionários estáveis acabarão por identificar-se e aliar-se às normas vigentes.

Dentro do campo da Ciência Política, estudos efetuados por Kaplan e Lasswell (1979) ampliam conceitos sobre influência e seu alcance como fonte ou instrumento de poder. Assim a influência deve ser compreendida como posição e potencial de valor de um grupo ou de pessoas. Classes e estruturas sociais são definidas com relação à formação e distribuição desses valores.

Os autores afirmaram que a influência é posição e potencial de valor que incorpora valores de bem-estar físico – enquanto saúde e segurança de um organismo – e valores de deferência que envolvem o poder, o respeito, o status, a honra, o prestígio, a glória, a reputação e a retidão, de forma a caracterizar um padrão de valores de uma sociedade.

No campo da ciência política, poder é um valor de deferência descrito no que diz respeito a seu alcance, peso e coerção, e não apenas na produção de efeitos pretendidos. Não se configura uma separação entre poder e influência, pois exercer influência é afetar a política dos outros, quanto ao seu alcance, peso e domínio. Uma forma de influência é um modo de poder, e as lideranças têm papel preponderante nas relações de poder.

São várias as formas de influência e de poder, e suas práticas têm diferentes gradações, variando das possibilidades de escolha que se oferecem aos liderados, até a coerção ou a coação que anula qualquer possibilidade de poder do outro.

Na sociedade capitalista, a clara demonstração de bens materiais, as grifes famosas e o consumo ostentatório indicam posições de liderança e poder, e, cada vez mais, o exercício do poder (a política) evidencia mais o ter que o ser.

O poder também pode ser analisado como um processo ou como um jogo e, de acordo com Luhmann (1985, p. 18):

> No caso de o poder ser um processo causal, analisá-lo pelos elementos não causais da casualidade; no caso de ser uma troca, pelos elementos não permutáveis da troca; no caso de ser um jogo entre adversários, pelos fundamentos não jogáveis do jogo.

O homem, um estudioso do poder, pode usá-lo para favorecer ou agredir determinado sistema social. Entre os estudos realizados, não faltaram os que o classificassem como um mal hediondo. Há teorias psicanalíticas (as de Freud e de Lasswell, por exemplo) que o explicam por meio de motivos compensatórios que levam à satisfação de necessidades provenientes dos sentimentos de inferioridade e dependência que existem nas crianças e nos adultos. Nesse ângulo de análise, a segurança ontológica constitui a base de atração pelo poder sujeito a levar a um comportamento patológico. Em sociedades com alto grau de estresse, em decorrência de tantas exigências e competitividade, não é tão difícil identificarmos comportamentos patológicos entre líderes poderosos e seus liderados.

O enfoque comunicacional

Sem dúvida, a definição mais contundente que se encontra sobre o homem é a de Georges Gusdorf (apud CHANLAT; BEDARD, 2007, p. 127), que declara que "o homem é um animal que fala", e Emile Benveniste (apud FREITAS; GUERRA, 2004) constata que "é um homem falante que encontramos no mundo, um homem que fala a outrem, e a linguagem faz saber a definição mesma do homem".

Ele simboliza, estabelece pela linguagem, a construção de seu mundo, busca compreender os signos e define relações de significação entre realidades distintas.

Ampliando a visão, Pierre Legendre (apud CHANLAT, 1992) declarou que "o comércio humano, antes de ser julgável pelos procedimentos contábeis e pela ciência dos mercados, é uma questão de palavras".

Não só os executivos, mas todos que ocupam cargos de liderança deveriam reconhecer o poder da linguagem, pois gastam muito mais tempo em suas tarefas falando. A palavra chega a ocupar dois terços da atividade profissional de um executivo, e, quanto mais abrangente e significativa a liderança, maior a força da palavra. Diariamente, a mídia impressa e televisiva se ocupa da fala de presidentes, ministros e líderes do mundo todo.

Quando uma pessoa toma a palavra, procura também exprimir uma imagem de si mesma perante outra pessoa. A fala compreende um conjunto de regras explícitas e implícitas cujo desrespeito pode causar danos, desconforto, sofrimentos psíquicos e perturbações psicológicas. Existe uma ética da fala nas relações interpessoais. A fala exerce grande influência sobre as atitudes e o comportamento dos outros.

Apesar de certa obviedade decorrente da inegável importância do uso da palavra falada e seu peso nas relações interpessoais, os executivos pouco sabem a respeito do uso da palavra e do lugar que a fala ocupa na vida dos homens.

Fato comum de se verificar no mundo do trabalho é a interdição da fala do outro, na medida em que superiores, líderes e seus fiéis liderados interpõem-se como detentores da verdade. Fica clara a intolerância, simplesmente porque alguém procurou ampliar o debate e introduziu considerações sem utilidade imediata. Logo é chamado de filósofo, poeta ou sonhador. É fato comum à imposição de restrições ao uso da fala em escritórios, fábricas e tem-se instalado também no universo das universidades. Em nome de elevada cientificidade, muitas vezes discutível, escamoteia-se a discussão e desconsidera-se a intervenção. Trata-se de atitude anti-intelectualista com efeitos nefastos, pois os sonhadores e filósofos podem propor soluções que fujam aos eternos modelos, ainda que o discurso oficial incentive a mudança, a inovação e a participação. Ora, se as pessoas são simplistas demais para serem ouvidas, é absolutamente falso o discurso da mudança e do incentivo à participação.

É a restrição ao uso da palavra que faz com que subordinados se recuperem e se embriaguem com palavras nos grupos informais, seja em qualquer tipo de organização. É importante que as lideranças reconheçam o quanto obrigam as pessoas ao silêncio, na medida em que se fortalecem os grupos informais especialmente nas crises e nas greves que explodem em discursos, falas e mais falas que buscam suprir necessidades há muito reprimidas. É realmente uma espécie de desforra em face do mutismo imposto pelas direções patronais e sindicais. É o momento em que se partilham, compensam-se as dificuldades e as perdas materiais sofridas, bem como marca a vida daqueles que participam.

É avaro com a palavra nos grupos informais exatamente aquele que tenta buscar o poder, a liderança e tudo faz para "parecer ser" forte concorrente ao comando.

São aqueles que fogem dos grupos informais que reforçam o discurso oficial que cria obstáculos ao diálogo.

O grande problema que se propõe depende da mentalidade dos executivos que, eivados de uma racionalidade administrativa que se baseia exclusivamente em resultados, esquecem-se de que a cultura das organizações está longe da visão da unicidade. A cultura, formada por grupos e subgrupos, é fragmentada, defende Joane Martim (apud FREITAS, 2001). Basta olharmos as diferenças entre departamentos e diferentes níveis hierárquicos. Seria mais produtivo analisar as razões, as causas, os problemas que determinaram resultados não condizentes.

Chanlat e Bedard (1992, p. 82) afirmam:

> Assim como empresas de um mesmo setor podem apresentar marcantes diferenças de rendimento, também no seio de uma mesma empresa

observam-se variações igualmente significativas entre os diferentes departamentos e entre os diferentes níveis hierárquicos, mesmo que devam atuar nos limites de regras comuns e idênticas. Qual a razão de tais resultados? Nós encontramos na atmosfera particular que cada responsável tenha sabido criar em torno de si; e na origem dessa atmosfera estão mais presentes suas habilidades e qualidades humanas do que sua competência técnica.

Em que pesem todas as conotações negativas acerca da valorização das relações humanas, parece que ainda é necessário repisar o óbvio. É o humano que faz a diferença. E este humano estabelece a relação com os outros com base na relação que mantém consigo mesmo. Assim funciona a liderança, cuja base é a relação do líder consigo mesmo. Por este motivo, as organizações precisam cuidar melhor de seus líderes para que o processo das relações entre pessoas se reflita positivamente nos liderados. Sem dúvida, dedicar-se ao aprimoramento da linguagem e do quanto a palavra significa é recomendável, mas não basta a palavra apenas. É preciso cultivar e de fato fortalecer as qualidades humanas do líder que os subordinados mais dizem apreciar, que são: o senso de equidade; a abertura de espírito; a generosidade; a coragem; o senso de responsabilidade; de julgamento; e a honestidade.

Considerações finais

Por ser uma área do conhecimento que pertence ao campo das ciências sociais aplicadas (inter, multi e transdisciplinar, por excelência), a comunicação apoia-se em várias áreas do conhecimento para ir firmando seus constructos. Vem sendo reconhecida e incorporada por outras áreas, a exemplo da Antropologia Cultural, da Psicologia, da Sociologia, da Administração, da Ciência Política e de outras.

Sem dúvida, os profissionais de Relações Públicas, mais conhecidos como RPs, sempre procuraram nos aplicativos a confirmação ou não de certas afirmações, quase numa busca incessante da realidade do mercado. Assim é que pesquisas de campo efetuadas nas organizações (leia-se pesquisas a respeito do tema) verificam a relação entre o campo teórico e uma dada realidade que não serve como modelo único e muito menos como realidade absoluta, mas oferece indicativos que se somam às afirmações aqui contidas.

Pesquisa publicada pela Associação Brasileira de Comunicação Empresarial (Aberje) transfere para números a realidade interna das organizações em dados publicados pelo Databerje – Instituto Aberje de Pesquisa (NASSAR; FIGUEIREDO, 2007).

Os resultados obtidos apresentam estudo comparativo referente aos anos de 2002, 2005 e 2007 e tiveram como principais aspectos abordados o status da comunicação nas empresas, a estrutura das equipes, a formação dos gestores, os meios de comunicação mais utilizados, além de investimentos na área.

Selecionados a formação dos gestores e os investimentos na área de comunicação, é possível levantar interessantes hipóteses acerca dos dados obtidos.

É possível afirmar que, entre 2002 e 2007, houve um forte crescimento da utilização de profissionais formados em Comunicação para tratar da Comunicação Interna nas organizações brasileiras. A Comunicação tem se transformado em preocupação nas empresas e vem, aos poucos, adquirindo forte participação nas decisões estratégicas. Empresas estão incorporando a área de comunicação com profissionais de formação na especificidade.

O que se observa é que houve uma fase de transição no Brasil, onde empresários entenderam que a área de Comunicação Interna pertencia a Recursos Humanos, mas começaram a perceber que a formação de profissionais especialistas em Comunicação era necessária. É o que os dados indicam, pois mediante a pergunta: "Na sua empresa, especificamente a área de Comunicação Interna está sob a responsabilidade de qual área?", o Databerje apresenta os seguintes dados: (11% em Outros, em 2002; 5% em Marketing, em 2002; e 41% em Recursos Humanos, em 2002, contra 49% no mesmo ano para Comunicação com habilitação em Relações Públicas, que apresenta 53% de ocupação desta formação em 2007), mas, um detalhe importante de se observar nos dados apresentados é que a formação em Comunicação dobrou seu nível de absorção em 2005, pois comparando, no mesmo ano, a utilização da área de Recursos Humanos com a área de Comunicação, é possível afirmar que o crescimento da absorção dos profissionais de Comunicação, independentemente de ser ou não na habilitação Relações Públicas, se efetivou nas organizações no ano de 2005, se comparada com a utilização da área de Recursos Humanos, posto que, no ano de 2005, 38,5% dos empresários delegaram a Recursos Humanos a responsabilidade pela Comunicação Interna, contra 63,2% que passaram a utilizar-se de profissionais de Comunicação, no mesmo ano. Praticamente dobrou a absorção de profissionais de Comunicação neste ano. O que se pode inferir, em nível de hipótese, é que Relações Públicas é uma habilitação que vem provando resultados, posto que, de 2005 para 2007, dos 63,2% dos profissionais de Comunicação, 53% apontam Relações Públicas como área de responsabilidade na Comunicação Interna. Vale atentar para este detalhe: o Databerje é genérico na afirmação e não detalha a formação no campo da Comunicação. No entanto, a vivência profissional permite afirmar que publicitários e jornalistas desempenham a tarefa, independentemente da formação na especificidade. Conclusão: não se pode atribuir a essa formação (Relações Públicas) os sucessos ou insucessos nas organizações no que tange a Comunicação Interna. É possível afirmar que comunicadores estão com melhores oportunidades de trabalho. E só.

Superando as questões relativas a especificidade de formação no Brasil, interessa apontar os investimentos que a Comunicação vem recebendo. Os investimentos estão estáveis. Com equipes cada vez mais enxutas e tomando como base apenas o ano de 2007, para apontar o momento a que este capítulo se refere, temos que, mediante esta mesma pergunta feita em 2002, 2005 e 2007: "Considerando os últimos dois anos, em relação a Comunicação Interna, você diria que sua empresa": não sabe o quanto investiu, 3,7%; reduziu os investimentos, 3,0%; reduziu muito, 6,1%; continuam iguais, 22,0%; aumentou um pouco, 37,2%; e aumentou muito, 28,0%. É possível afirmar que há espaço para um tratamento mais adequado nas relações das organizações com seu público interno (essencial não constitutivo do negócio da organização) e, por consequência, as lideranças deverão estar mais afetas ao diálogo que se contrapõe a práticas mecanicistas e não oneram os cofres (o capital), de forma a priorizar mídias que não o substituem. A questão que se propõe quando nos referimos ao diálogo é sua contraposição quanto ao tempo e a resultados rápidos, na medida em que ele (o diálogo) exige tempo e reflexão de líderes e liderados.

Os caminhos mais recentes percorridos pelos teóricos da Comunicação vêm incorporando o campo da Semiologia e da Sociolinguística, da Ciência Política e de outras ciências, num esforço que visa aprofundar o que se afirma no campo da Comunicação e da gestão dos processos comunicacionais.

Para Carvalho (2003, p. 51):

> compete aos comunicadores sociais buscar, nas interfaces dos conhecimentos, postulados ou paradigmas, com base no uso do código linguístico – a linguagem, a palavra falada – os caminhos que auxiliem e fortaleçam o papel de líderes na sociedade pós-moderna.

As interações sociais dependem do uso adequado da palavra e a comunicação não é vertente secundária nos investimentos que as organizações fazem em suas lideranças; pelo contrário, por mais utópico que possa parecer, os líderes têm grande responsabilidade pelo uso adequado do código linguístico e, principalmente, nos rumos que definem dentro de determinado contexto social, psicológico, histórico e político.

Referências

CARVALHO, M. S. B. de. *A comunicação como instrumento de liderança*. São Paulo: ECA/USP, 2003. (Monografia em nível de pós-graduação *lato sensu*. Orientação: Freitas, Sidineia Gomes). Escola de Comunicações e Artes da Universidade de São Paulo, São Paulo, 2003.

CHANLAT, J. F. (coord.). *O indivíduo na organização*: dimensões esquecidas, v. 1. São Paulo: Atlas, 1992.

_____; BEDARD, R. Palavras: a ferramenta do executivo. In: CHANLAT, J. F. (coord.). *O indivíduo na organização*: dimensões esquecidas. São Paulo: Atlas, 1992. (Tradução de Mauro Tapias Gomes)

_____; _____. Palavras: a ferramenta do executivo. In: CHANLAT, J. F. (coord.). *O indivíduo na organização*: dimensões esquecidas. São Paulo: Atlas, 2007.

CHIAVENATO, I. *Teoria geral da administração*. São Paulo: McGraw-Hill, 1979.

FREITAS, S. G. A comunicação social como instrumento do poder, as coordenadorias de Comunicação Social da Nova República. São Paulo: ECA/USP, 1987. Tese (Doutorado). Escola de Comunicações e Artes da Universidade de São Paulo, São Paulo, 1987.

_____. Apontamentos elaborados para sala de aula. Disciplina: Cultura Organizacional e Comunicação. São Paulo: 2001.

_____; GUERRA, M. J. A linguagem comum dos lingüistas e dos pesquisadores em Relações Públicas. Resultados parciais de um trabalho interdisciplinar. In: CONGRESSO BRASILEIRO DE CIÊNCIAS DA COMUNICAÇÃO, 27, 2004, Porto Alegre. *Anais...* São Paulo: Intercomm, 2004.

GIBSON, J. L. Organizações: comportamento, estrutura, processos. São Paulo: Atlas, 1981. (Tradução de Carlos Roberto Vieira de Araújo)

HERSEY, P.; BLANCHARD, K. *Psicologia para administradores de empresa*: a utilização de recursos humanos. São Paulo: E. V. P., 1974. (Tradução de Dante Moreira Leite)

KAPLAN, A.; LASWELL, H. *Poder e Sociedade*. Brasília: UnB, 1979.

LUHMANN, N. *Poder*. Brasília: UnB, 1985. (Coleção Pensamento Político, 73). (Tradução de Martine Creusot de Rezende Martins)

MAXIMIANO, A. C. A. *Introdução à administração*. São Paulo: Atlas, 2000.

NASSAR, P.; FIGUEIREDO, S. Pesquisa Comunicação Interna 2007: dados comparativos 2002, 2005 e 2007. São Paulo: Aberje, 2007.

SERAFIM, A. O modelo Hersey-Blanchard: como liderar eficazmente os seus colaboradores. Portal Gestão. Disponível em: <http://www.portal-gestao.com/item/7001-o-modelo-hersey-blanchard-como-liderar-eficaz-mente-os-seus-colaboradores.html>. Acesso em: 14 fev. 2014.

TANNENBAUM, R.; WESCHLER, I. R.; MASSARIK, F. *Liderança e organização*. Nova York: McGraw-Hill, 1961.

ZALESNIK, A.; DE VRIES, M. F. R. K. *O poder e a mente empresarial*. São Paulo: Pioneira, 1981.

COMUNICAÇÃO INTERNA: UM FATOR ESTRATÉGICO NO SUCESSO DOS NEGÓCIOS

Marlene Marchiori

Refletir sobre a dinâmica interna das organizações na contemporaneidade é compreender os processos de formação de CulturaS e de sua identidade. Exauriram-se os limites entre aquilo que é interno ou externo. Ao mesmo tempo ampliou-se a dependência das atitudes dos indivíduos que representam a organização para que o reconhecimento no mundo externo seja possível. São relacionamentos e interações que marcam os caminhos das organizações. Nesse sentido e com essa preocupação, a comunicação interna (líderes e liderados, por exemplo) é concebida como processo fundamental para desenvolvimento de ambientes inovadores, uma vez que as conversações e o estímulo ao diálogo são práticas correntes.

Relacionamentos internos são naturalmente valorizados e praticados nesses ambientes porque, ao construírem a identidade organizacional, nutrem as relações e dão vida a essa realidade. Questionam-se organizações; no entanto, afinal, o que é uma organização se não um sistema sociotécnico que interage com o meio ambiente por meio de suas dimensões de estrutura, tecnologia, estratégia e comportamento? Organização "é uma configuração de pessoas, tecnologias, edifícios e objetos que se mantêm unidos pela mais frágil das amarras: a comunicação" (TAYLOR; CASALI, 2010, p. 73). Para Casali (2009, p. 113), "as organizações não apenas se constituem pela comunicação, mas também se expressam em comunicação". Considerando essas argumentações, podemos afirmar que **organizações são, em sua essência, comunicação**.

Se organização é uma instituição social, constituída de pessoas e definida por seus papéis e relacionamentos, é fundamental a existência de ambientes de trabalho que valorizem o bem-estar e promovam a satisfação do funcionário, sendo o respeito ao ser humano uma atitude natural e inerente às práticas e aos processos que se instituem nesses ambientes. Dessa forma, compreende-se o ser humano como "o principal canal dos acontecimentos nas organizações, nas quais a interação humana é questão primordial" (MARCHIORI, 2010, p. 150).

Assim, quanto maior for o envolvimento do funcionário com a organização, maior será seu comprometimento. Se aprendemos a ouvir o consumidor em relação ao marketing, é preciso aprender a ouvir o que o funcionário tem a dizer em relação à organização. É primordial no desenvolvimento dessas relações o envolvimento dos líderes, não referenciando aqui somente a alta administração. Pesquisas como as da International Association of Business Communicators (IABC) e Gallup (KRUEGER; KILLHAM, 2005) revelam que os chefes imediatos desempenham forte papel no bem-estar e no envolvimento dos funcionários.

Nesse sentido, coaduna-se com a visão de Argenti (2006, p. 169), a qual considera que "a comunicação interna no século 21 envolve mais do que memorandos, publicações e as respectivas transmissões; envolve desenvolver uma cultura corporativa e ter o potencial de motivar a mudança organizacional". Para Vercic, Vercic e Sriramesh (2012), a comunicação interna é um processo essencial no gerenciamento de mudança.

Partimos da premissa de que temos de trabalhar com vistas ao reconhecimento real da equipe interna, ou seja, não vinculada ao que ela trará de benefícios para o cliente, e sim visando a satisfação usufruída e a integração das pessoas com/na organização. Dizemos isso, porque, em alguns momentos, deparamo-nos com pensamentos que refletem uma postura não preocupada com o funcionário em si, mas com o que ele pode trazer de retorno para a organização quando atende bem o cliente, por exemplo. Para nós, o excelente atendimento é consequência natural de um trabalho que privilegie em um primeiro momento o indivíduo e o grupo, tanto em nível formal quanto informal, no interior das organizações. Assim, as pessoas acreditam na marca quando as relações internas são fortalecidas e comunicam naturalmente a mensagem. Este é o foco principal e por si só justifica falarmos da dimensão que a comunicação interna assume em uma empresa.

Por que considerar o ambiente interno?

Diferentes segmentos têm se preocupado com a avaliação do ambiente interno das organizações. Um exemplo amplamente divulgado, originado nos Estados Unidos há mais de vinte anos, é a *Great Place to Work*. Entre os aspectos que definem o conceito dos melhores locais para se trabalhar, temos a confiança entre gerentes e funcionários. É preciso haver ambientes que privilegiem a confiança nas pessoas com quem trabalhamos; é preciso que tenhamos orgulho do que fazemos e gostemos das pessoas com as quais trabalhamos. Salientamos que os melhores locais para trabalhar são medidos pela qualidade de três relacionamentos interconectados: (1) funcionários e líderes; (2) funcionários e seus empregos/empresa; e (3) funcionários e outros funcionários. Fatores que, se observarmos, parecem simples de serem gerenciados e posso afirmar – não o são.

A preocupação com as relações no ambiente interno não para por aí. Outro reconhecimento é o *Guia Você S/A – Exame: 150 melhores empresas para você trabalhar*, que com metodologia brasileira mede o Índice de Felicidade no Trabalho (IFT). As categorias do prêmio dimensionam a percepção dos funcionários das diferentes organizações que se inscrevem sobre: identidade, satisfação e motivação, liderança, aprendizado e desenvolvimento. Engloba também avaliação do índice de qualidade de gestão das pessoas: remuneração e benefícios, carreira profissional, saúde, educação, integridade física, psíquica e social do trabalhador, responsabilidade social e ambiental.

Ao ponderarmos sobre o assunto, vemos que existe relação direta entre todos os elementos e a gestão da comunicação das organizações. Se olharmos a pesquisa de comunicação interna publicada nos anos de 2002, 2005 e 2007 pela Associação Brasileira de Comunicação Empresarial (Aberje), entendemos que o estágio em que se encontra a comunicação é tático, visto que ainda se localiza na arena da produção de veículos de comunicação, a saber: jornal impresso, intranet, revista, jornal mural, e-mail, boletim, *newsletter*, entre outros, com aproximadamente 82,7%.

A comunicação excelente, de acordo com o *Guia Exame* (GOMES, 1999):

> » É transparente.

> » É uma via de mão dupla, que funciona com a mesma eficiência de baixo para cima e de cima para baixo.

> » Conta com mecanismos formais que facilitam a abertura da comunicação interna.

» Preocupa-se em informar o funcionário sobre tudo que pode afetar sua vida.

» Informa os funcionários sobre fatos que podem mudar a empresa antes que os jornais o façam.

» Forma "embaixadores" da organização, que são verdadeiros multiplicadores dos valores, atividades e produtos da empresa.

Precisamos compreender outras formas de comunicar, avaliando de maneira ampla a situação da empresa em conjunto com diferentes grupos na organização, discutindo, planejando novos caminhos no intuito de integrar as relações organizacionais, aproximar pessoas, construir história, tornando a comunicação efetivamente estratégica e uma prática corrente e não centralizada na área de comunicação da organização. É possível, por exemplo, intensificar o trabalho considerando as metáforas da comunicação organizacional propostas por Jablin e Putnam (2001), no que se refere a performance (ações coordenadas que implementam regras por meio da interação), símbolo (meio simbólico no qual a organização é realizada), voz (organização vista como coro de diversas vozes) e discurso (padrões ritualizados de interações que transcendem conversações imediatas), que podem ser uma alternativa inovadora (MARCHIORI, 2001).

Assim saímos do estágio de provedores de informação para uma posição mais abrangente, capaz de construir reflexivamente o futuro das organizações, como afirmado por Einsenberg e Riley (2001), pois assumiremos a função de catalisadores, provedores e disseminadores de conteúdos, criando novos ambientes internos. Levar a verdade dos fatos não é mais a premissa para os profissionais da comunicação, e sim ser agente catalisador no processo de construção da verdade dos fatos.

Um ambiente interno com qualidade é um processo no qual se valorizam: confiança, competência, comprometimento e credibilidade

Entendemos que neste ambiente é preciso haver relacionamentos que promovam a satisfação de cada indivíduo e suas relações com outros indivíduos. É necessário que a organização esteja constantemente reavaliando seus objetivos, sendo fundamental "viver" a organização em todos os seus processos.

A conquista de confiança está diretamente ligada à qualidade do processo de informação e de comunicação. Não estamos nos referindo aqui ao volume de informações, mas à análise que interessa ser comunicada. A credibilidade de uma mensagem depende de quanto ela está em consonância com a tendência cultural daquele que a recebe. É preciso identificar quais são os padrões de relacionamento capazes de produzir a interpretação das mensagens para que haja resposta (MARCHIORI, 2001).

Não há como um veículo de comunicação ser global – servir para todos os públicos e interesses. É preciso segmentar a comunicação, para que ela efetivamente traga alguma mudança. Se ela não causou nenhuma prática, nenhum novo comportamento ou atitude, não houve entendimento. De nada adianta enviarmos uma mensagem se não dermos o referido acompanhamento que ela merece. Informar não significa comunicar. A comunicação pode facilmente perder sua credibilidade caso não gere *feedback*. Se isso não acontecer internamente, como uma organização pode fortalecer relações com outros públicos?

Precisamos acreditar, precisamos entender que é de fundamental importância a análise do público, por meio de pesquisas, auditoria, levantamento da cultura organizacional, alto conhecimento do negócio, avaliação dos pontos fracos e fortes, ameaças e oportunidades, aspectos fundamentais na elaboração de um planejamento estratégico de comunicação interna, o qual se torna efetivo graças a uma administração estratégica. A empresa necessita valorizar este processo e perceber os resultados que traz para si quando tem a prática da comunicação profissionalizada. Somente desse modo nossas ações terão consequências. É preciso atitudes – não somente palavras. É preciso mudança de comportamento da empresa e não apenas dos públicos (MARCHIORI, 2004).

A base dos valores – confiança, competência, comprometimento e credibilidade – está na qualidade do processo de comunicação que será vivenciado por todos. Ao desenvolver nossas atividades, estamos continuamente transferindo conhecimentos, por meio do aprendizado organizacional – isso acresce capacidade estratégica para uma organização. Criar condições para que cada indivíduo procure desenvolver ao máximo seu potencial é função básica de organização. As pessoas devem ser o foco central de atenção, mas é preciso que as organizações tenham consciência desse processo e transformem suas realidades para processos dialógicos.

Precisamos criar um ambiente interno no qual informação, conhecimento e competência fluam livremente para que existam comprometimento pessoal e autodesenvolvimento – aspectos que contribuem para um crescimento organizacional. Sendo assim, é preciso concentrar o foco na criação de um conjunto de valores essenciais – compartilhados na organização. As pessoas em seus processos de conversação criam culturas e formam o que pode ser compreendido como identidade organizacional, "quem somos", conforme Almeida (2013) discute no Volume 2 desta coleção.

A busca de qualidade da comunicação interna

> As pessoas têm de encontrar um propósito; elas têm de perceber que seu trabalho está contribuindo para algo que ela valoriza. Ou seja, as pessoas têm de encontrar razão para o porquê de trabalharem (MORIN, 2005, p. 53).

Não há mais como trabalhar somente a estrutura técnica, é preciso atuar na instância humana, ou seja, a estratégia de negócios não pode estar dissociada da estratégia de pessoas. É fundamental agir no sentido de construir relacionamentos. A base para essa premissa: processos de comunicação efetivos – comunicação aberta, intensa e transparente (MARCHIORI, 2001).

Não há mais como visualizar um executivo que fale de uma forma e se comporte de maneira completamente diferente. A atitude empresarial deve ser evidenciada como fator de alavancagem na construção das relações organizacionais – o que necessariamente engloba líderes e alta administração no desenvolvimento de um processo que oportuniza o comprometimento da equipe liderada. Portanto, entendemos como atitude básica a vinculação de um discurso coerente com as ações; o ato de agir deve refletir transparência, de sorte que, na linguagem utilizada, o entendimento e comprometimento sejam características fundamentais nas relações entre líderes e liderados.

Sempre ouvimos a expressão: cada empresa é única. Se caminharmos em direção à interpretação da realidade vivenciada pela organização, percebemos que a afirmativa tem sentido em função da essência de cada organização. De nada adianta vermos determinada ação e tentarmos implantá-la sem o conhecimento, análise e ponderação dessa nova postura pelos líderes e funcionários. É preciso criar vínculo com a organização. É fundamental entender as manifestações de culturas e saber quais discursos estão presentes, em que momento as relações se evidenciam e geram ambientes nos quais, naturalmente, as pessoas são comprometidas. Lançamos algumas proposições que nos têm direcionado no embasamento da qualidade do processo de comunicação. São elas:

» Políticas e estratégias definidas e transparentes.

» Diálogo aberto entre direção e funcionários, e entre líderes e liderados.

» Busca de comprometimento, por meio de veracidade nos relacionamentos.

» Seleção de informações que contribuam para o incremento do nível de conhecimento.

» Adaptação de formato e discurso que observem as linguagens capazes de causar impacto junto às diferentes categorias de funcionários.

» Utilização de múltiplos canais.

» Interatividade.

» Valorização das redes de liderança: formais e informais.

» Mensuração e tomada de decisão para novo planejamento.

Entendemos que uma organização comunica-se quando seus funcionários se comunicam de maneira contínua e informal entre os diversos níveis organizacionais e contam a mesma história da organização para seus diferentes públicos.

Gestão de comunicação interna: habilidade primordial e fundamento

A comunicação deve ter potencial para construir, pois, caso contrário, é um monólogo. É preciso criar ambientes organizacionais em que as pessoas valorizem as relações trabalhando em equipe, compartilhando informações, abrindo caminhos, alargando fronteiras, pessoas que gostem daquilo que fazem e que sejam comprometidas com o futuro. Um futuro que se desenha nas atitudes que os indivíduos em interação constroem no presente. A gestão da comunicação interna acontece como um processo em movimento contínuo. Assim, exploramos alguns conceitos, compreendendo que os estudos da comunicação interna surgiram nos anos 1990 nos Estados Unidos (VERCIC; VERCIC; SRIRAMESH, 2012).

Kunsch (2003) entende que a visão da comunicação interna é a de um setor planejado com objetivos definidos capazes de viabilizar interação entre organização e empregados. É uma visão que permite antecipar respostas às expectativas, aparando conflitos e buscando soluções preventivas. Para Curvello (2002), volta-se para os funcionários, gerências e diretoria com o fim de buscar, informar e integrar os diversos segmentos desse público aos objetivos e interesses da organização. Para Vercic, Vercic e Sriramesh (2012), a comunicação interna vem surgindo como uma especialização e tende a crescer. Os estudos nessa temática a compreendem como transações de comunicação entre indivíduos e públicos de vários níveis e em diferentes áreas de especialização, dirigidas a reestruturar organizações, implantar e coordenar atividades diárias.

Entre todas as definições analisadas, a que mais se aproxima da realidade das organizações é a da empresa Rhodia: "uma ferramenta estratégica para compatibilização dos interesses dos empregados e da empresa, através do estímulo ao diálogo, à troca de informações e de experiências e à participação de todos os níveis" (apud KUNSCH, 2003, p. 154).

Propõe-se um conceito que engloba a comunicação administrativa e posiciona a comunicação interna como mola propulsora da realidade interna das organizações:

> A comunicação interna planejada e avaliada é estratégica quando estimula o diálogo entre lideranças e funcionários. Oportuniza a troca de informações via comunicação, contribuindo para a construção do conhecimento, o qual é expresso nas atitudes das pessoas. É fundamentalmente um processo que engloba a comunicação administrativa, fluxos, barreiras, veículos, redes formais e informais. Promove, portanto, a interação social e fomenta a credibilidade, agindo no sentido de manter viva a identidade de uma organização. (MARCHIORI, 2008, p. 215)

Esse conceito nos leva ao entendimento de que o mundo organizacional não pode nem deve ser visto como um "dado concreto, mas como uma criação das interações humanas, das quais resultam inúmeras significações simbólicas manifestadas na cultura" (MACHADO-DA-SILVA; NOGUEIRA, 2000 apud CARRIERI; LEITE-DA-SILVA, 2006, p. 62). Assim a comunicação interna enaltece o valor das relações e diz respeito ao diálogo, às conversações. As organizações devem centrar seu olhar primeiramente em seus ambientes internos, observando as habilidades comunicacionais que se fazem presentes e que são instituídas pelos sujeitos. Sendo assim, informações são levadas e transacionadas pelos indivíduos, que, ao construírem significados, encontram o sentido para suas atitudes.

Organizações não são simples recipientes nos quais as atividades de comunicação ocorrem; é necessário que haja entendimento e administração dos processos. Dessa forma, é preciso direcionar esforços para dotar a comunicação para, no campo da gestão informacional:

» Formar e educar em comunicação.

» Dar importância à comunicação oral e cotidiana.

» Ter bom conhecimento da empresa.

» Dominar as técnicas ligadas à gestão da informação e comunicação.

» Assegurar uma difusão coerente da informação, selecionando o que realmente interessa aos funcionários.

» Observar o desenvolvimento de atitudes – respostas do processo de comunicação em si.

» Avaliar continuamente os processos.

Devemos refletir sobre o processo de comunicação, aspecto fundamental no desenvolvimento da comunicação interna e das relações organizacionais. Afinal, qual é a base do processo? Emissor, receptor, mensagem, canal e *feedback*. Uma resposta simples e ao mesmo tempo complexa, quando de sua administração nas organizações, pois engloba ruídos/barreiras, fluxos, redes formais e informais e tantas outras relações que, se bem trabalhadas, revertem em benefício organizacional. Temos observado que a prática estratégica da comunicação interna, não apenas pelos profissionais, mas principalmente pelas lideranças empresariais, pode fazer a diferença.

São inúmeros os fatores que modificam a perspectiva de atuação de cada funcionário nas organizações, principalmente a forma como a alta gerência está se comunicando, o que está sendo comunicado e se os funcionários se sentem ou não envolvidos e alinhados com o direcionamento da empresa (ARGENTI, 2006). Para Smith (2005), os gerentes médios são vistos como bloqueadores do processo de comunicação, pois geralmente é onde o processo não tem continuidade.

Por exemplo, os liderados recebem uma informação de seus líderes e necessitam entendê-la, expressando uma satisfação ou insatisfação (resposta) em relação ao conteúdo recebido para que um novo ciclo possa estabelecer-se. O entendimento de uma mensagem somente é possível quando o público que a recebe reage com determinado comportamento, com atitude. Essa é a premissa que destacamos.

Comunicar, portanto, é conseguir uma reação, que prove que o receptor também se comunicou. Essas relações, quando efetivas e valorizadas na organização, garantem a sustentabilidade do processo de comunicação e acabam se estendendo para a empresa como um todo, tornando-se um comportamento valorizado pelas pessoas. É crescente a necessidade de personalizar a mensagem para grupos ou indivíduos, no intuito de alimentar a criação de um laço de confiança fundamental em todas as redes de relacionamento internas.

A efetividade do processo de comunicação é um dos maiores desafios da comunicação interna: construir um processo de informação que gere resposta junto aos diferentes públicos para que a credibilidade na organização possa ser uma realidade. Salientamos que iniciar um relacionamento interno é fácil, mas é preciso continuidade para que seja verdadeiro e apreciado pelo grupo. Gestores que praticam a comunicação interna dessa forma estão à frente no processo não apenas de construção, mas, principalmente, de manutenção da credibilidade empresarial junto aos seus públicos. Por outro lado, é premente vislumbrarmos a comunicação relacional, discutida por Maia e França (2003, p. 188) como "processo de produção e compartilhamento de sentidos entre os sujeitos interlocutores, processo marcado sempre pela situação de interação e pelo contexto sócio-histórico". Essa concepção evidencia a articulação entre os interlocutores, o contexto e os discursos e considera três dinâmicas: (1) a produção e o intercâmbio de sentidos entre sujeitos interlocutores; (2) o contexto sobre o qual os sujeitos atuam e do qual recebem os reflexos; e (3) os aspectos simbólicos que impregnam a relação comunicacional.

A comunicação relacional constrói credibilidade ao exigir o envolvimento e a participação das pessoas no processo, que é cíclico e contínuo. Para tanto, é preciso descobrir a forma singular de produzir conhecimento e de se comunicar com cada grupo para que exista um relacionamento duradouro, com base no respeito, na responsabilidade, transparência e ética. Devemos entender que no interior da organização há diferentes pessoas com aspirações diferentes, as quais precisam não apenas sentir que são ouvidas e compreendidas, mas participar ativamente dos processos de criação de realidades. A comunicação face a face é ágil, permite interação e tem credibilidade, devendo ser valorizada nos ambientes organizacionais. Os veículos de comunicação podem completar e apoiar o processo. Parece que nos direcionamos nos ambientes organizacionais para a criação de relacionamentos cada vez mais próximos e intensos que, em decorrência de diferentes expressões e conteúdos que são negociados e compreendidos, conquistam o status da credibilidade.

Esse é o valor real da comunicação. E é necessário que nos preocupemos com o processo de comunicação interna de nosso negócio. Há dois aspectos fundamentais no desenvolvimento dessa conquista: (1) diálogo organizacional; e (2) valorização das relações interpessoais entre líderes e liderados.

O diálogo possibilita o entendimento, tornando as pessoas comprometidas e responsáveis por seus resultados. Deve ser franco e se basear na realidade. O diálogo consistente altera a psicologia do grupo, torna a organização eficaz na tarefa de coletar informações, de entendê-las e transformá-las para produzir decisões (ELLINOR; GERARD, 1998).

Chanlat e Bedard (1993) ressaltam que os grupos informais não encontram os mesmos obstáculos que os grupos formais apresentam quando dialogam, o que pode justificar a originalidade, a força e a coesão que ocorrem nos grupos informais.

Esses grupos são mais unidos, sentem-se como indivíduos, falam na primeira pessoa, são ouvidos, têm liberdade de expressão, respeito mútuo, amizade, e, se surgem problemas, as pessoas são capazes de metacomunicar-se (MARCHIORI, 2001), ou seja, trocar ideias, e de comentar a respeito da maneira como se comunicam. Quando isso acontece, as pessoas envolvidas aceitam considerar-se como parte do problema. Segundo os autores, a cultura do grupo informal é adepta a essa metacomunicação, o que é praticamente impossível de ocorrer no grupo formal, em que a autoridade funcional está presente, por exemplo.

Por outro lado, e não diferente em relação ao valor, o clima interpessoal compõe-se da confiança e da percepção que os interlocutores têm um do outro (SCHULER, 1996). "As pessoas formam relacionamentos interpessoais complexos todas as vezes que interagem, e esses relacionamentos são, em grande parte, independentes daquilo que o organograma e as descrições de cargo estabelecem" (GREENHALGH, 2002, p. 46).

Vemos que a dimensão do relacionamento entre pessoas também assume status na condução da comunicação interna e, particularmente, ressaltamos suas dimensões, que, na opinião do referido autor, podem ser consideradas de quatro formas: "como *rapport* (o grau de conforto que as pessoas têm na relação), como vínculo (a solidez do relacionamento quando enfrentam alguma dificuldade), como ampliação (quando o relacionamento se estende além dos papéis que cada um desempenha na organização e numa negociação comercial casual) e como afinidade (o quanto a pessoa atrai você)" (GREENHALGH, 2002).

É preciso ampliar a mente no que tange à comunicação para que ela aja de maneira mais abrangente, conforme proposto neste capítulo, e visualize novas estratégias, além da produção de veículos de comunicação dirigida, em especial, o escrito. Ainda, é necessário evidenciar o valor que a comunicação assume nas organizações, não agindo de maneira fragmentada – departamentos internos para as questões internas e outros departamentos para os direcionamentos externos, em nível institucional. A comunicação precisa ser vista como uma questão complexa e que permeia a organização como um todo. É fundamental que passe a concentrar suas atividades – tanto em nível interno quanto externo – em uma única área, preferencialmente estratégica, no sentido de exercer poder e influenciar na condução do processo de comunicação. É necessário criar uma gestão que possa desenvolver a totalidade da responsabilidade da comunicação, habilitando os indivíduos para o exercício de sua prática.

Definir estratégias e gerenciar relacionamentos

A construção de estratégias cria oportunidades, visualizadas pelos membros de uma organização, mas não garante sua participação. Somente a busca de sua identidade e da satisfação possibilita a existência e o desenvolvimento de comprometimento e lealdade do grupo para com a empresa, formando o espírito de equipe. Nas novas realidades empresariais, é preciso evidenciar a organização e conhecer seu processo interno, valorizando e comprometendo os indivíduos com a organização para, então, passar a exteriorizá-la perante os diferentes grupos com os quais atua – seus *stakeholders*.

A credibilidade externa pode ser obtida mais facilmente somente se existir nos funcionários uma vontade de representar a organização para a qual trabalham. Criar vínculos entre funcionários somente é possível quando eles se comprometem, sentem-se informados e integrados em um contexto. Essa postura exige uma contínua troca de informações e novos processos de relacionamento entre a organização e os indivíduos. O segredo é instituir processos de diálogo que instiguem relacionamentos de forma contínua. Por meio desses processos, as organizações tomam atitudes e vislumbram estratégias para bem desempenhar suas ações.

O sistema de comunicação é bom quando não se nota que ele existe

As pessoas, ao falarem umas com as outras, percebem se são respeitadas e se estão ou não sendo ouvidas pelos outros. Isso determina como a organização funciona (MARCHIORI, 2004). A comunicação interna humaniza as relações entre os indivíduos. As ações ocorrem em função das pessoas, pois são elas que dão sentido às experiências vivenciadas diariamente. Argenti (2006, p. 176) sugere que uma comunicação interna eficaz produz diálogo, incrementando um "senso de participação que pode fazer até as maiores empresas parecerem menores no coração e na mente dos funcionários".

A ação estratégica da comunicação modifica comportamentos, tanto da organização como de seus públicos e, consequentemente, forma sua cultura. Portanto, os profissionais da área devem passar a atuar na construção de narrativas que são traduzidas nas experiências, gerando a cultura e a identidade da organização (MARCHIORI, 2001).

A comunicação deve criar valores mensuráveis para a organização – por meio de seu uso eficaz (MARCHIORI, 1995). Somos conhecedores da afirmativa: o desenvolvimento de ações constantes identifica a empresa perante seus públicos. Sugerimos, portanto, a observação das atitudes a seguir, no processo de gestão da comunicação interna.

» Mapear os funcionários (avaliação e detalhamento global) e nível de relacionamento.

» Avaliar e abrir canais de comunicação.

» Definir linguagem e estratégia de abordagem.

» Gerenciar conflitos – habilidade em minimizar potenciais desentendimentos.

» Conhecer os elementos do processo de comunicação e o papel que cada um desempenha.

» Ter boa vontade para informar políticas e atividades.

» Ouvir e falar – estabelecer reciprocidade nas informações.

» Criar relacionamentos efetivos.

» Transmitir a mensagem certa, para o público certo e pelo canal certo, aprendendo a ouvi-lo.

» Comunicar efetivamente – envolve mais que falar e ouvir.

» Comunicar com o objetivo de informar e orientar.

» Criar filosofia global, corporativa e integrada de comunicação – orientar e dar sentido aos relacionamentos organizacionais.

» Buscar entendimento, consciência, compreensão e participação.

» Identificar e analisar informações junto aos públicos, mantendo a organização informada e focada em suas necessidades.

» Manter relações com os diferentes níveis para obter a credibilidade.

» Comunicar com eficiência e eficácia para que os contatos fluam naturalmente e com qualidade.

» Mudar a mentalidade dos funcionários, lideranças e administradores.

A conquista da eficácia na comunicação é um processo longo, e também contínuo, com resultados efetivos para a vida organizacional. Quando alcançamos esse estágio de relacionamento, podemos partir para ações de comunicação mais estratégicas. Seguimos, entre todas as alternativas apresentadas, um caminho básico, mas que considero fundamental: sempre nos pautamos pela tomada de decisão na área de comunicação que tenha um impacto real na vida da organização.

Enfim, os resultados da comunicação interna

A comunicação interna é, sem sombra de dúvida, a vertente que constrói a identidade organizacional e engloba, portanto, todas as demais posturas internas da organização: processo comunicacional entre as pessoas e grupos com suas barreiras e ruídos, comunicação administrativa, fluxos informativos, redes formais e informais, canais de comunicação (entendendo-se aqui não somente a produção de veículos, como também jornais e revistas empresariais).

Partimos do princípio de que devemos perceber uma organização por seu ambiente interno – comunicação interna – e seu ambiente externo – comunicação institucional – no qual as relações ficam entre a **identidade (quem somos)** e a **imagem (como somos vistos)**. Se comunicação é o sistema central da organização, sendo vista como matéria-prima, a comunicação interna deve ser vista como o fator de consolidação da identidade organizacional.

Precisamos, ainda, entender comunicação na sua profundidade, vislumbrando novas áreas, e este é o desafio que propomos a você, leitor. Putnam, Phillips e Chapman (1999, p. 125) afirmam ser necessário examinar os caminhos pelos quais "a organização produz a comunicação ou as duas produzem uma a outra". Ainda, na opinião de Pepper (1995, p. 3), "comunicação é a organização, ou seja, comunicar é organizar".

A postura estratégica da comunicação interna requer integração natural ao processo de decisão da organização, devendo orientar-se pelas premissas a seguir.

> » Políticas e estratégias institucionalizadas.

> » Seleção de informações que contribuam para o nível de conhecimento.

> » Comprometimento entre as pessoas, decorrente de um processo que englobe História, Audiência e Engajamento (BRIGGS, 2007).

> » Vislumbre da comunicação como processo, valorizado pelas pessoas.

> » Diálogo aberto entre líderes e liderados.

> » Emprego de múltiplos canais: formais e informais.

> » Relacionamentos contínuos, propiciando proximidade com os diferentes públicos.

> » Interatividade – instigar o diálogo e as conversações.

> » Valorização das redes: formais e informais.

> » Processos coletivos de tomada de decisão.

> » Mensuração para repensar continuamente a organização.

Há que se levar em conta não apenas o conteúdo das mensagens, sua frequência e impacto, mas também o estágio de amadurecimento das lideranças, a visão da alta administração, a avaliação do crescimento global do negócio. Precisamos agir para criar proximidade, dar sentido às experiências e aprimorar relacionamentos. Compreendemos que construir conhecimento, em nosso entender, é a nova função da comunicação interna.

As transformações organizacionais têm função importante no estabelecimento das bases para assegurar a mudança das ideologias, dos símbolos, das novas competências, do conhecimento e, principalmente, de uma nova identidade. A identidade não está presa somente ao gênero e à sexualidade, tampouco à força de trabalho que as pessoas oferecem a uma organização. Pessoas em organizações são vistas como construtoras do significado (CLEGG; HARDY, 1999). A construção de significado não reside em mensagens, canais ou textos, mas principalmente na interação social e no desenvolvimento de atividades que tenham sentido para as pessoas (MARCHIORI, 2001).

Sendo assim, a comunicação e a organização caminham lado a lado. A comunicação é, essencialmente, uma ponte de significados que cria compreensão mútua e confiança. Uma organização, portanto, é comunicação.

Referências

ALMEIDA, A. L. de C. A construção de sentido sobre "quem somos" e "como somos vistos". In: MARCHIORI, M. (org.). *Estudos organizacionais em interface com cultura*. São Caetano do Sul; Rio de Janeiro: Difusão; Senac Rio de Janeiro, 2013. (Coleção Faces da cultura e da comunicação organizacional, v. 2)

ARGENTI, P. A. *Comunicação empresarial*: a construção da identidade, imagem e reputação. Rio de Janeiro: Elsevier, 2006.

BRIGGS, D. What does engagement mean to your CEO? *Strategic Communication Management*, v. 11, n. 5, p. 13, 2007.

CARRIERI, A. P.; LEITE-DA-SILVA, A. R. Cultura Organizacional *versus* Cultura nas Organizações: conceitos contraditórios entre o controle e a compreensão. In: MARCHIORI, M. (org.). *Faces da cultura e da comunicação organizacional*. São Paulo: Difusão, 2006.

CASALI, A. Um modelo do processo de comunicação organizacional na perspectiva da "Escola de Montreal". In: KUNSCH, M. M. K. (org.). *Comunicação organizacional*: histórico, fundamentos e processos. São Paulo: Saraiva, 2009. p. 107-34.

CHANLAT, A.; BÉDARD, R. Palavras: a ferramenta do executivo. In: CHANLAT, J. F. (coord.). *O indivíduo na organização*: dimensões esquecidas. 3. ed. São Paulo: Atlas, 1993. v. 1, p. 125-48.

CLEGG, S.; HARDY, C. *Studying organization*: theory & method. Londres: Sage, 1999.

CURVELLO, J. J. C. *Comunicação interna e cultura organizacional*. São Paulo: Scortecci, 2002.

EINSENBERG, E.; RILEY, P. Organizational culture. In: JABLIN, F. M.; PUTNAM, L. L. (eds.). *The new handbook of organizational communication*: advances in theory, research, and methods. Londres: Sage, 2001. p. 291-322.

ELLINOR, L.; GERARD, G. *Diálogo*: redescobrindo o poder transformador da conversa. São Paulo: Futura, 1998.

FRANÇA, V. R. V. Interações comunicativas: a matriz conceitual de G. H. Mead. In: PRIMO A. et al. (eds.). *Comunicação e interações*. Porto Alegre: Editora Sulina, 2008. p. 71-91.

_____. *Paradigmas da comunicação*: conhecer o quê? Ciberlegenda, 2001. n. 5. Disponível em: <http://www.uff.br/mestcii/repart2.htm>. Acesso em: 25 jul. 2002.

GOMES, M. T. *Entenda as estrelas do Guia Exame:* as melhores empresas para você trabalhar, a. 33, n. 17, p. 48-49, ed. 695, 1999.

GREENHALGH, L. *Relacionamentos estratégicos*: a chave do sucesso nos negócios. São Paulo: Negócio, 2002.

JABLIN. F. M.; PUTNAM, L. (ed.). *The new handbook of organizational communication*: advances in theory, research, and methods. Londres: Sage Publications, 2001.

KRUEGER, J.; KILLHAM, E. At work, feeling good matters. *Gallup Management Journal*, 2005. Disponível em: <http://gmj.gallup.com>. Acesso em: 5 mar. 2008.

KUNSCH, M. M. K. A comunicação integrada nas organizações modernas: avanços e perspectivas no Brasil. In: CORREA, T. (org.). *Comunicação para o mercado*. São Paulo: Edicom, 1995.

_____. *Planejamento de relações públicas na comunicação integrada*. 4. ed. São Paulo: Summus, 2003.

MAIA, R. C.; FRANÇA, V. A comunidade e a conformação de uma abordagem comunicacional dos fenômenos. In: LOPES, M. I. V. (org.). *Epistemologia da Comunicação*. São Paulo: Loyola, 2003. p. 187-203.

MARCHIORI, M. R. Cultura e comunicação interna. In: NASSAR, P. (org.). *Comunicação interna*: a força das empresas. São Paulo: Aberje, 2004. v. 2.

_____. *Cultura organizacional*: conhecimento estratégico no relacionamento e na comunicação com os empregados. São Paulo: USP, 2001. Tese (Doutorado em Ciências da Comunicação) – Universidade de São Paulo, São Paulo, 2001.

_____. (org.). *Faces da cultura e da comunicação organizacional*. 2. ed. São Caetano do Sul: Difusão, 2008. v. 1, p. 215-16.

_____. Mudança cultural e a responsabilidade das Relações Públicas. *Organicom* – Revista Brasileira de Comunicação Organizacional e Relações Públicas, a. 1, n. 1, p. 85-95, ago. 2004.

_____. *Organização, cultura e comunicação*: elementos para novas relações com o público interno. São Paulo: ECA/USP, 1995. Dissertação (Mestrado em Ciências da Comunicação) – Escola de Comunicações e Artes, Universidade de São Paulo, São Paulo, 1995.

_____. Os desafios da comunicação interna nas organizações. *Conexão*: comunicação e cultura, v. 9, n. 17, p. 145-59, 2010.

MELCRUM, *From engagement to empowerment: connecting employees, strategy and brand communication*, 2012. Disponível em: <https://www.melcrum.com/sites/default/files/engagement-empowerment-web-overview.pdf>. Acesso em: 6 jan. 2013.

MORIN, E. Foco interno. *Revista GV Executivo*, da Fundação Getulio Vargas, v. 4, n. 1, p. 42-53, fev./abr. 2005. Entrevista concedida a Isabella Vasconcelos e Pedro F. Bendassolli.

PEPPER, G. L. *Communication in organizations*: a cultural approach. Nova York: McGraw-Hill, 1995.

PUTNAM, L. L.; PHILLIPS, N.; CHAPMAN, P. Metaphors of Communication and Organization. In: CLEGG, S. R.; HARDY, C.; NORD, W. R. (orgs.). Handbook of Organization Studies. Londres: Sage, 1999. p. 125-158.

SCHULER, M. A administração da comunicação empresarial. *Revista de Biblioteconomia & Comunicação*, Porto Alegre, v. 7, p. 108-25, jan./dez. 1996.

SMITH, L. *Effective internal communication*. Londres: Kogan Page, 2005.

TAYLOR, J. R.; CASALI, A. M. Comunicação: o olhar da Escola de Montreal sobre o fenômeno organizacional. In: MARCHIORI, M. (org.). *Comunicação e organização*: reflexões, processos e práticas. São Caetano do Sul: Difusão, 2010. p. 69-82.

VERCIC, A. T.; VERCIC, D.; SRIRAMESH, K. Internal communication: definition, parameters, and the future. *Public Relations Review,* n. 38, p. 223-30, 2012.

REDES FORMAIS E INFORMAIS POR UM DIÁLOGO INTERNO MAIS EFICAZ

Giselle Bruno Grando

O processo de valorização do colaborador, enquanto elemento fundamental de viabilização das organizações, tem exigido o aprofundamento científico do estudo do comportamento humano, no sentido de buscar sua melhor compreensão, enquanto fenômeno interno das organizações, objetivando tornar as pessoas mais produtivas e mais satisfeitas em seu ambiente de trabalho. Esse novo enfoque pôs em discussão e valorizou temas como motivação, liderança, papéis, cultura e comunicação organizacional.

A comunicação organizacional passou, então, a ter um destaque e uma relevância maior nos processos de gestão. Cada vez mais, evidencia-se a necessidade de tratar a comunicação como questão estratégica no gerenciamento de negócios e, principalmente, de pessoas. É imprescindível que deixe de ser reconhecida e tratada meramente como sistema de transmissão de informações, para que ocupe seu lugar como instrumento de gerenciamento que se reflete diretamente no grau de comprometimento dos colaboradores.

Ao iniciar uma análise da comunicação organizacional voltada às redes internas de comunicação, é importante considerar que, nas organizações sociais, há sempre dois grandes sistemas orgânicos: o formal e o informal. Coexistem, no mesmo espaço, uma organização formal contemplada pelo organograma da empresa e outra estruturada com base na definição de papéis e funções exercidos e desempenhados pelos grupos formais que atendem a essa estruturação. Para garantir sua organização, seu desenvolvimento e sua sobrevivência, tem-se o sistema formal de comunicação criado e administrado pela empresa.

A organização informal, por sua vez, acontece, inevitavelmente, quando o indivíduo se congrega com outro ou com um grupo, já que emana das relações sociais entre pessoas que acabam criando os grupos informais, oriundos de interesses e afinidades pessoais próprias de quem convive em um mesmo espaço. Atendendo a esse tipo de organização, tem-se o sistema de comunicação informal. Um fenômeno comunicacional que emana dessas relações interpessoais, portanto, de caráter livre, não submetido às regras e normas oriundas da alta administração, uma vez que nasce espontaneamente da convivência grupal, do diálogo e da troca entre os participantes do grupo informal.

Esses sistemas são responsáveis por dar vida e organicidade aos aspectos produtivos e de convivência no âmbito da organização, sendo a comunicação organizacional o elemento responsável por estabelecer tanto o diálogo interno quanto externo da organização. Internamente, o diálogo estabelece-se em conformidade com a cultura organizacional. Mais que um elemento natural das relações sociais, a comunicação configura-se enquanto processos e técnicas programados e planejados, visando promover e facilitar a cooperação, a credibilidade, o envolvimento e o comprometimento com os valores individuais e coletivos. Evidenciando-se por meio de duas redes, a formal e a informal.

Rede formal

A rede formal compõe-se de todos os canais e meios de comunicação estabelecidos de forma consciente, deliberada e planejada segundo a estrutura organizacional, e de onde provém a criação de um modelo formal e padronizado de comunicações orais e escritas.

É a comunicação que percorre a organização, visando à troca de informações, para que todas as instâncias mantenham o foco nos objetivos e metas, desempenhando suas tarefas e papéis conscientes da missão e imbuídos da filosofia da organização.

Essa rede manifesta-se por meio de quatro fluxos: descendente, ascendente, lateral e diagonal.

No fluxo descendente, a direção da empresa é responsável por transmitir a informação aos níveis inferiores. A informação, então, é transmitida de forma imediata ao longo da hierarquia, traduzindo e disseminando a filosofia, as normas e as diretrizes da organização com o objetivo de assegurar o desempenho eficiente e eficaz, tanto de departamentos quanto de colaboradores.

O fluxo ascendente, ao contrário, parte das bases em direção aos níveis superiores, não necessariamente seguindo os planos hierárquicos e os locais em que são veiculadas informações funcionais e operativas com o objetivo de manter o controle dos processos produtivos.

A rede formal manifesta-se também entre pares, em um mesmo nível organizacional por meio do fluxo horizontal. É o tipo de comunicação que acontece entre departamentos, funções, tarefas, objetivando a integração das áreas funcionais e a coordenação das diversas etapas das atividades. Além de fomentar a cooperação e auxiliar o colaborador a situar seu trabalho perante os demais, é bastante importante porque influi no clima de diálogo que acaba contribuindo para o êxito da informação ascendente e descendente.

As novas formas de realização de tarefas – explicitadas pela tendência de formação de grupos multissetoriais e pluridisciplinares para a elaboração de novos projetos e para a busca criativa de soluções para problemas – fizeram surgir um novo fluxo de comunicação formal: o fluxo diagonal que atende a essas comissões e grupos, e por meio do qual o objetivo empresarial é aceito mais naturalmente e no qual são detectadas alternativas estratégicas.

O funcionamento da rede formal normalmente é planejado visando atingir os objetivos organizacionais por meio de planos de comunicação que padronizam os meios e as mensagens. E essa rede é mais voltada aos estudos de comunicação e ao trabalho, tanto dos profissionais de comunicação como dos gestores, uma vez que é o elemento fundamental da comunicação organizacional. Esta última, sendo institucionalizada e padronizada, pode ser vista em funcionamento, concretizando-se no dia a dia da organização, podendo-se acompanhar e avaliar seus canais e fluxos mais facilmente.

Os sistemas formais tendem a ser prontos, dificilmente aceitando o que está fora do padrão ou do preestabelecido. Isso acontece na forma de organização das empresas e em sua estrutura comunicacional; administradores e profissionais enfatizam o formal, uma vez que o informal provoca medo e insegurança em decorrência de sua complexidade, que permite sua livre circulação e manifestação na organização.

Rede informal

Embora as instituições sejam caracterizadas por processos formais, padronizados por meio de poder hierárquico, normas e regras, os quais lhe dão organização e funcionalidade, e, por serem constituídas de relações sociais, apresentam outros processos não requeridos nem controlados pela administração. Esses processos definem o sistema de comunicação denominado informal, que tem como características ser variável, dinâmico e permear as linhas orgânicas, alterando rapidamente sua direção.

Por não apresentar uma estruturação mais fácil de ser conhecida, muitos administradores e os próprios profissionais de comunicação empresarial preferem ignorá-lo ou considerá-lo como um mal, uma vez que transmite informações extraoficiais e até boatos.

Porém, é necessário reconhecer que a rede informal é uma atividade normal, natural dentro das organizações. Assim afirmam Balcão e Cordeiro (1979) quando dizem que a rede informal não pode ser abolida, apagada, escondida na cesta, derrubada, amarrada, liquidada ou sustada, pois, à medida que o ser humano se congrega em grupos de dois ou mais, ela certamente ocorrerá, podendo, então, ser considerada um direito nato do ser humano.

Ela sempre existirá sob as mais diferentes formas (sinais de fumaça, de ruídos de tambores na selva, de batidas na parede de uma cela de prisão, de conversa normal, ou qualquer outra). Se a suprimirmos aqui, ela aparece acolá. Se acabarmos com uma de suas fontes, ela simplesmente passará para outra.

Tem havido, de modo geral, muito pouco estudo sistemático da maneira pela qual a estrutura formal estimula ou inibe a formação de processos informais de comunicação. O mesmo ocorre com as técnicas que podem ser usadas pelo administrador para enfrentá-los e minimizar seus efeitos negativos.

Considerando que a rede informal é algo intangível e é sempre mais fácil lidar com coisas tangíveis, à primeira vista, pode-se concluir que a deficiência do sistema formal de comunicações e sua incapacidade para conseguir um grau adequado de coordenação encorajarão provavelmente o desenvolvimento desses processos.

Devemos ir além dessas constatações evidentes. É necessário que compreendamos que os processos de comunicação informal são fato natural em toda e qualquer organização dita sadia. A morte desse sistema tornaria impraticável o desenvolvimento do espírito de equipe, das motivações e da identificação do pessoal com a empresa, pois, como argumentam Balcão e Cordeiro (1979, p. 258), algumas autoridades no assunto chegam até a sugerir que as organizações pereceriam, não fosse a rede informal a preencher as lacunas deixadas pela rede formal.

Aparentemente desestruturada e fugidia, por não ser vetorial, hierarquizada ou causal, a comunicação informal certamente obedece a determinado interjogo, que acontece em rede na qual todos os integrantes da organização têm oportunidades iguais de participação e de acesso à informação. É, contudo, real, e produz tanto consequências negativas (o boato, a desconfiança, a ausência de compromisso) como positivas (espontaneidade, criatividade, envolvimento, participação e estreitamento de relações).

É, certamente, mais fácil estabelecer processos que sigam normas e regras e sejam amparados formalmente pela direção da empresa, seguindo a hierarquia administrativa, como parte de uma rede estruturada com linhas, direções e papéis definidos, em vez de detectar a forma de funcionamento de um sistema que existe por meio de palavras (oralidade) e observações, além de não seguir uma estrutura predeterminada.

Davis (apud ARGIRYS et al., 1999, p. 167) apresenta quatro maneiras de visualizar o processo da rede informal, a saber:

» A cadeia de via única na qual a informação caminha ponto a ponto ("A" que passa para "B" que passa para "C", e assim por diante). Nesse tipo encontra-se a maior propensão à distorção dos fatos, pois é uma cadeia tênue para um receptor distante.

» A cadeia de boatos em que "A" busca e fala com todos.

» A cadeia de probabilidade onde a informação é passada ao acaso ("A" comunica para "F" e "D", de acordo com as leis de probabilidade; depois "F" e "D" contam aos outros do mesmo modo).

» A cadeia aglomerada, na qual "A" conta para três pessoas selecionadas; talvez uma conte a duas outras; e, em seguida, uma dessas duas conte a outra.

A comunicação informal, portanto, estrutura-se como rede, cujos elementos têm liberdade de fluxo e de papéis, não existindo nele a necessidade de linhas hierárquicas. A rede toma a forma de camarilha ou cadeia de grupos, porque cada elemento que a ela se liga tende a informar a um pequeno grupo e não a uma única pessoa, contribuindo para a obtenção de informação por parte dos colaboradores de forma ágil e rápida por utilizar-se de meio oral para sua propagação.

Para melhor compreensão da rede informal, é necessário destacar que esta apresenta-se mais como produto da situação que das pessoas, e se dá em grande parte por palavras e observações. Isso quer dizer que, se há contato entre pessoas, possivelmente ter-se-á uma rede ativa, em plena operação, que estará buscando satisfazer necessidades pessoais, como: interagir com os outros; contrabalançar os efeitos do tédio ou da monotonia; tentar influenciar o comportamento dos outros; e ser uma fonte de informação relacionada ao trabalho, que não está disponível pelos canais formais.

A informação na rede informal está em estado contínuo de modificação, à disposição de elementos interconectados que a recolhem, interpretam e inserem na rede novamente, até seu esgotamento. Na proporção em que tempo e indivíduos que recebem a informação tornam-se maiores, a rede tende a se diluir, porque não é mais transmitida.

Nessa cadeia de grupinhos, que parece caótica, desenhando e redesenhando várias vezes um labirinto, estão presentes os elementos de conexão: indivíduos que são mensageiros ativos da rede. Essa atividade em rede não é permanente nem predeterminada ou preestabelecida, porque a rede é mais um produto da situação que da pessoa. Tendo oportunidade e motivação, qualquer um pode tornar-se ativo. A rede permite que os grupos constituam de forma progressiva e de maneira cooperativa um contexto comum.

O grau de participação no processo de comunicação produz em cada indivíduo uma reação, um sentimento, um mito ou uma fantasia, que vai direcionar seus atos e atitudes em relação à empresa. Na rede informal, observa-se que, não estando sujeita às regras estabelecidas e ou normatizadas, constitui-se de uma grande variedade de mensagens, cujos conteúdos expressam vários tipos de intenções, objetivos e significados.

Na rede informal, prevalece o sistema complexo adaptativo, no qual os colaboradores comportam-se como seres humanos reunidos em rede cooperativa. O estado de inquietação e ansiedade, causado pela instabilidade dos processos administrativos e pela deficiência de comunicação formal, faz com que os indivíduos tornem-se agentes individuais de comunicação dispostos em rede e criando um comportamento autogerenciado, no qual praticamente inexistem controles centralizados, mas cooperativos.

Por esses motivos, a rede informal é essencial e intrínseca ao ambiente de trabalho. A partir do momento que há pessoas convivendo em um mesmo espaço, cujos papéis, funções e tarefas são mutuamente dependentes, e que se utilizem desse espaço para atender a suas necessidades pessoais e sociais, ter-se-á uma rede informal em pleno funcionamento. É clara e certa a existência da rede informal em todas as organizações, por melhor e mais eficiente que seja a rede formal de comunicação.

Boato

Uma das mais conhecidas manifestações da rede informal é o boato, que merece, portanto, ser abordado.

O boato é produto típico desta rede e se caracteriza, de acordo com Pichon-Rivière (1998), como sendo uma proposição feita para acreditar. O boato parte de um fato real, porém distorcido, que passa de pessoa a pessoa, geralmente de forma oral, sem meios comprobatórios de sua veracidade.

A falta de informação ou sua deficiência cria uma condição de ambiguidade que se torna um terreno fértil para o surgimento de boatos. O elevado grau de ansiedade e insegurança vai facilitar seu aparecimento, que expressará as tendências inconscientes de um grupo.

O boato que se veicula na rede informal, normalmente, é espontâneo e expressa desejos disfarçados (positivos e negativos), tendências inconscientes de um grupo exposto à falta de informações seguras e objetivas.

Essa condição de ambiguidade é uma das condições básicas não somente para o surgimento do boato, mas de qualquer um dos meios que se caracterizaram como comunicação informal. A rede transmite boas ou más notícias. Fatos tanto quanto boatos, sem distinção.

Quando se analisa uma organização em seu âmbito interno, quer estejamos falando de aspectos organizacionais, comportamentais ou culturais da organização, a comunicação informal merece espaço, pois trata-se de um fato social. E, como tal, fornece informações importantes para o correto entendimento e análise dos fenômenos sociais que ocorrem dentro das organizações, independentemente do foco do estudo, já que exerce a função de transformação e de perpetuação de seus valores.

A compreensão a respeito das características e da funcionalidade das redes informais, bem como da construção de linguagens que implica tal processo, é fator de (re)educação para o trabalho, uma vez que, ao compreender como poderá articular-se mais cooperativamente, o grupo evoluirá em sua forma de organizar-se como rede produtiva e competente, mesmo estabelecida de modo informal.

Diálogo entre as redes: uma integração possível

O mercado altamente competitivo e as novas formas de trabalho advindas do avanço do uso de tecnologias no ambiente organizacional, bem como o foco no cliente e na qualidade, aqui incluída a qualidade de vida no trabalho, têm levado as organizações a experimentar novas formas operacionais. Entre essas novas tendências, está a tentativa de captar o pleno potencial dos grupos.

Os principais problemas enfrentados na dinâmica do processo de comunicação organizacional são originados pela complexidade do comportamento humano. Um trabalho de comunicação, para ser pleno e completo, precisa considerar o ambiente organizacional, o nível cultural e intelectual dos indivíduos, seus interesses e necessidades, entre outros, que dão origem a um universo simbólico refletido na cultura organizacional.

A cultura comunicacional, seja ela predominantemente formal ou informal, deve ser a base de um novo comportamento comunicacional das organizações, que preze a participação e o engajamento dos indivíduos em sua filosofia e missão, uma vez que o sistema de comunicação de uma organização reflete uma variedade de indivíduos com valores, educação, crenças, culturas, ânimos e necessidades diferentes, pois são as pessoas, não as organizações, que se comunicam.

Considerando que em uma organização coexistem, sempre, aspectos formais e informais, na medida em que os presenciamos na própria forma como a empresa se organiza, em seus sistemas de comunicação e na formação dos grupos, devemos considerar que a negligência de um dos aspectos compromete a produtividade, o desenvolvimento e a própria sobrevivência da organização.

Neste contexto, para que as relações numa organização sejam resultantes da conjugação de esforços e cooperação tendo em vista a realização de tarefas e do processo produtivo e para que os diferentes setores e as diferentes funções compreendam seu papel e importância dentro da missão, objetivos e metas da organização, é necessário que o sistema de informações seja eficiente e ativo, independentemente do fato de esta fonte advir de rede formal ou informal.

A maneira como as redes ou sistemas de comunicação estão estruturados faz diferença na capacidade dos indivíduos e grupos em compartilhar ou processar informações. As formas como as pessoas veem e compreendem a organização em que atuam, ou com a qual se relacionam, variam, no primeiro caso, de acordo com sua função, sua posição na hierarquia; no segundo caso, de acordo com o tipo de relação estabelecida com a empresa; e principalmente, em ambos os casos, de acordo com seu grau de acesso à informação.

A comunicação organizacional, principalmente a formal, não é algo fechado, acabado, como acreditam alguns profissionais da área e administradores. Os novos enfoques administrativos (na pessoa, na informação, na qualidade, entre outros) exigem compreender o processo de comunicação interno como algo dinâmico, vivo. É preciso entender que a própria significação do discurso não está na palavra nem na alma do emissor; é produto do choque interacional entre os interlocutores.

A comunicação formal, quando estabelecida pela administração, pretende ser uma fonte absoluta de informações verídicas e confiáveis, que atende a todas as necessidades comunicacionais do indivíduo no que se refere à organização, e em muitos momentos, acaba sendo um instrumento que reafirma a hierarquização, o sistema de autoridade. A principal referência nesse caso é o atendimento às necessidades comunicacionais dos indivíduos, porém, muitas vezes, no âmago do intertexto, é possível visualizar os interesses mais amplos da administração.

A rede informal atravessa, perpassa, todos os níveis da organização. Ela não mantém linhas, sentidos ou direções estabelecidas. Todos os indivíduos são possíveis membros. Nela, todos se encontram e tornam-se cúmplices de um processo ao mesmo tempo angustiante e prazeroso de marginalidade, de alternativa ao processo formal.

A comunicação formal, por seu caráter unidirecional (vertical ou horizontal), configura-se um texto monofônico que expressa sempre o discurso de um grupo, principalmente o formal, acontecendo pelo respeito e cumprimento às relações hierarquizadas e de autoridade.

Considerando que a rede informal afeta os interesses das gerências e dos administradores, provocando, em muitos casos, sentimentos exaltados, é importante tentar compreendê-la. Embora nenhum de nós consiga controlá-la ou destruí-la (pesadelo de muitos), é necessário aprender a conviver com ela, já que podemos usá-la de forma construtiva.

A comunicação formalizada na concepção de suas formas, de sua enunciação e de seu tema pode tornar-se morosa, inacessível e até incompreensível para determinados grupos de colaboradores. Esses aspectos podem provocar o surgimento de processos de comunicação informal compatíveis inteiramente com a realidade do grupo em questão, o que substitui ou complementa os informativos, memorandos, murais e boletins por uma prática oral próxima a esta realidade. Essa prática cria uma unidade que a comunicação formal não penetra ou penetra superficialmente.

A administração precisa aproximar-se, conhecer, relacionar-se com as bases, para reconhecer os temas/conteúdos atuais daquele momento do grupo. E, principalmente, identificar de que maneira esses temas tomam forma, se realizam, para que, daí, possa compreender as formas de concretização desse "estar" na organização em dado momento, e da existência fortalecida ou apenas natural da comunicação informal no cotidiano da organização.

A rede formal não é capaz de competir, destruir ou extinguir a rede informal, pois trata-se de um fenômeno espontâneo e natural do ser humano agindo em coletividade. E, considerando sua natureza informal, ela é mais rápida e dinâmica que a formal. Os elementos da informalidade constituem uma oposição contínua a tudo o que em uma formação social estiver já feito e fixado.

Nesse contexto, o indivíduo é um ser de desejos e pulsões. Um ser simbólico, que, pelas relações mantidas com o outro, realiza o jogo de identificar: introspecção, projeção, transferência, transformando-o em ser dialógico que utiliza a linguagem para expressar sua realidade interior.

É óbvia a afirmação de que as organizações existem para atender às necessidades dos indivíduos sociais, constituindo por essência um amplo e complexo conjunto de relações entre pessoas. Entretanto, ela torna-se estratégica quando incorporada e refletida na filosofia de comunicação de qualquer organização.

Na atual conjuntura empresarial, as organizações, mais do nunca, precisam saber o que os grupos pensam, querem e estão fazendo, pois disso dependem em boa parte sua sobrevivência e desenvolvimento.

No interior das organizações, os indivíduos, em seus mais diferentes cargos e funções, compartilham ideias, sentimentos e valores, entre outros elementos, visando à realização da tarefa que culmina no alcance dos objetivos organizacionais, e ao mesmo tempo, ao seu bem-estar em seu grupo de pares e na organização como um todo.

A participação efetiva, principalmente no âmbito interno das organizações, exige informação. Para participar, o indivíduo necessita de informação para que possa motivar-se, envolver-se, engajar-se. A informação provoca o diálogo, o fazer parte, a interação social.

As redes informais estabelecem-se como linguagem nas organizações, como tentativa de proporcionar o diálogo que, muitas vezes, a rede formal não proporciona. A predisposição à participação, no âmbito interno das organizações, revela-se na existência da rede informal. As organizações devem posicionar-se enquanto fomentadoras da participação, necessitando, para isso, aproximar-se dos grupos ligados a elas, ouvindo suas vozes, conhecendo-os, para que se concretize a formação de autênticos públicos.

No trato com o público interno, principalmente, há de se considerar que o indivíduo pertence a uma família, a um grupo social, a uma classe social, a um grupo religioso, a uma cultura, a uma nação que estará presente em seu "eu" plural. Os indivíduos estão cada vez mais cientes de seu papel nas organizações e têm definido o que a organização espera deles e o que eles esperam da organização. Sua participação, sua melhor produtividade, sua motivação e, principalmente, seu comprometimento estão cada vez mais relacionados com a gama de informações que recebem da organização. Organizações mais produtivas, certamente, contam com sistemas de comunicação mais eficientes e eficazes que outras.

O resgate dessa dimensão esquecida das organizações, a comunicação informal, por meio da valorização da comunicação oral, fator tão marcante da cultura brasileira, é ponto fundamental, já que a automação, a informatização e a robotização dos meios de produção exigem cada vez mais que a informação esteja à disposição das pessoas para a adaptação e a adequação aos novos instrumentos e formas de trabalho.

Na atual conjuntura mercadológica, organizações têm atuado com o componente de um mundo "sem fronteiras", sendo preciso entender que os conteúdos, em um novo ambiente, assumem significados diferentes. No caso brasileiro, as características de sua cultura influem nos resultados e imprimem a marca nas organizações e empresas brasileiras. Sendo assim, é necessário tirar proveito e otimizar os pontos fortes desta cultura na gestão de pessoas e nos processos administrativos.

O esforço em implantar uma cultura comunicacional formalizada por instrumentos escritos e visuais que negligencia a existência das redes informais caracterizada pela via oral, por vezes, põe em descrédito seus valores e a própria cultura organizacional, na medida em que o comportamento organizacional é orientado e gerenciado pela comunicação.

E como captar o pleno potencial da rede formal e utilizar a rede informal de modo construtivo?

É necessário diagnosticar os processos de comunicação internos da organização e orientá-los no sentido de promover as boas relações entre funcionários e organização. Compreende-se por boas relações não aquelas moldadas no que a organização define como correto e verdadeiro, e embasada em persuasão, mas, sim, aquela que se posiciona na inter-relação, na dialogicidade do processo de interação colaborador-organização, buscando na base dos conflitos, das controvérsias inerentes à vida social, a essência para as boas relações. Os fios ideológicos, os diversos interesses, precisam ser trançados para que se efetive a comunicação. É preciso a troca que vem do conhecimento, do respeito e do consequente entendimento mútuo. Trata-se de participação programada por meio do diálogo sem exclusões; do diálogo que congrega os indivíduos dos diferentes níveis.

A sociedade da informação e a era do conhecimento exigem que as organizações abandonem o discurso monológico (de uma única voz, a do poder, a do mando) e desenvolvam o discurso polifônico (de várias vozes, diferentes, diversas, porém intercomplementares).

Os indivíduos estão mais conscientes de seus direitos e, por isso, mais exigentes. Suas escolhas estão embasadas em um conhecimento do seu "eu" e do outro.

A participação eficaz e produtiva do funcionário está ligada diretamente à qualidade da informação que ele recebe no interior da organização: o desempenho de sua função, a realização da tarefa, o manuseio da tecnologia, sua motivação, seu comprometimento, sua colaboração, tudo isso depende da comunicação interna. Ele precisa receber informações e trocá-las com os outros, seus pares ou não, para que haja comunicação, e por meio dessa compreender melhor seu papel dentro da organização, seu valor e relevância para a mesma.

Há a crença de que a ânsia por comunicação será suprida (ou haverá a tentativa) de um modo ou de outro. Por meios formais, considerados legais e lícitos pela administração, ou por redes informais que agem, marginalmente, à comunicação formal e que provocam em algumas organizações uma verdadeira "caça às bruxas", ou seja, uma caça aos elementos participantes para fazê-los calar, no intuito de eliminar a rede informal.

A comunicação informal, mais especificamente a rede informal, deve deixar de ser considerada um problema para as organizações e ser encarada como solução criativa no desenvolvimento de programas de comunicação e no gerenciamento de pessoas, por meio do esforço conjugado da comunicação organizacional como um todo. Para isso, é preciso considerar que ela revela o implícito das relações. É preciso identificá-la, ouvi-la, conhecê-la. Sua mobilidade, sua dinâmica e sua informalidade produzem diálogos produtivos que se refletem na comunhão e participação dos envolvidos (princípio e fim de Relações Públicas).

Em um ambiente coorporativo que vem apresentando certo relaxamento de normas e regras, certo despojamento de posições e títulos; uma tendência a valorizar o humor, criando condições amenas no ambiente de trabalho, resultando em uma convivência mais fraterna. Por conseguinte, a excelência da comunicação vai depender de mudanças internas, da incorporação efetiva desses novos valores pelos dirigentes.

É importante transformar as organizações doentes (GRUNIG, 1992) – a saber, aquelas que: (1) veem as relações interpessoais como problema de dominação ou subjugação; (2) evitam assumir a responsabilidade de suas ações; e (3) dividem o mundo entre pessoas boas e pessoas más, atuam por tradição ou hábito e veem as relações interpessoais como individualistas e competitivas – em organizações sadias que acompanham as tendências sociais, valorizam os elementos da cultura na qual estão inseridas, e, sobretudo, veem nas relações um elemento-chave de seu sucesso.

Nesse direcionamento, o Relações-Públicas, como fomentador e gerenciador de relacionamentos entre organização e públicos a ela ligados, torna-se um especialista em linguagem que programa a organização para o diálogo – diálogo este polifônico, no qual se deixam entrever as vozes da organização e de seus públicos, construindo, desta maneira, uma convivência dialógica entre as duas redes, formal e informal. Suas vozes precisam se misturar, trocar, para refletir e refratar a realidade organizacional, caracterizando uma nova ordem para a comunicação organizacional: a comunicação que tem como base um profundo processo cotidiano e permanente de conhecimento entre o emissor e o receptor organizacional, sujeitos histórico-ideológicos de um mundo em eterna transformação.

Em uma sociedade cujas organizações, como se observa, parecem impor sobre os indivíduos tantas rejeições à complexidade, o desafio do pensamento complexo da comunicação organizacional pode tornar possíveis novas formas de compreendê-las.

Referências

ARGYRIS, C. et al. *Comunicação eficaz na empresa*: como melhorar o fluxo de informações para tomar decisões corretas. Rio de Janeiro: Campus, 1999.

BALCÃO, Y. F.; CORDEIRO, L. *O comportamento humano na empresa.* Rio de Janeiro: Fundação Getulio Vargas, 1979.

GRUNIG, J. (org.) *Excellence in public relations and communication management.* Hillsdale: Erlbaum, 1992.

PICHON-RIVIÈRE, E. *Psicologia da vida cotidiana.* São Paulo: Martins Fontes, 1998.

A HIERARQUIA E SEUS DESCONTENTAMENTOS[1]

John Child
Suzana Braga Rodrigues

A hierarquia aparece em todos os lugares na sociedade humana e faz parte da História (MOONEY; REILEY, 1931; KIPFER, 2001). É o princípio organizativo por trás de conquistas marcantes, como a construção das Pirâmides do Egito e da Grande Muralha da China, e sobre a qual toda grande instituição se fundamenta. Sociólogos pioneiros, especialmente Max Weber, reconheceram a importância da hierarquia no desenvolvimento das sociedades modernas e da forma de autoridade "racional-legal" à qual ela se tornou particularmente associada. Hofstede (1980) afirma que a expressão da hierarquia social e organizacional no que se refere à "distância de poder" pode ser considerada uma variável intrínseca entre as culturas nacionais. Ela reflete diversas "políticas", as quais Stanley Deetz (2013), no ensaio do Volume 3, *Perspectivas metateóricas da cultura e da comunicação*, desta coleção, observa como alavancas da configuração da cultura: as políticas da identidade, da ordem e da distribuição. Devemos ter em mente que a hierarquia organizacional ameaça o consenso cultural dentro da sociedade mais ampla por meio de tais políticas.

---

[1] Este capítulo baseia-se no texto de CHILD, J. "Desafiando a hierarquia". In: ALVESSON, M.; WILLMOTT, H.; BRIDGMAN, T. (eds.) *Handbook de Estudos Críticos da Administração*. Oxford: Oxford University Press, 2009. p. 501-514.

O conceito de "administração", que tem, cada vez mais, atraído a atenção de acadêmicos, consultores e outros profissionais ao longo dos últimos cem anos, ao ponto de competir com a literatura popular em livrarias de aeroportos, tem contribuído para legitimar as ideias e práticas da hierarquia organizacional. O pioneiro da "administração científica", F. W. Taylor (1911), escreveu sobre a necessidade de reservar a direção das organizações para a administração e deixar o operacional para os trabalhadores. E. Mayo (1949) e outros do movimento pós-Hawthorne das "relações humanas" estabeleceram uma distinção entre a "lógica da eficiência" dos gerentes e a charmosa, mas claramente menos racional, "lógica do sentimento", para caracterizar o comportamento dos trabalhadores. Uma das suposições subjacentes era a de que os que assumem cargos hierarquicamente superiores estariam mais bem preparados a comandar organizações, mas precisavam "amansar" os trabalhadores para que seguissem suas orientações. A noção popular de "liderança", que H. Mintzberg e colaboradores (2009) caracterizaram como *dividership* – processos que criam divisão entre pessoas, mas que tornam a hierarquização legitima –, pode gerar consequências disfuncionais para a organização, ao mesmo tempo que serve como justificativa para as distâncias artificiais que são estabelecidas entre os cargos de chefia e os subordinados.

A hierarquia como instituição implícita não somente nas relações sociais e, portanto, culturalmente incorporada, permanece presente no pensamento sobre as organizações e sua administração. De fato, analistas organizacionais pioneiros a incluíram em seus esquemas conceituais e procuram medir seus aspectos estruturais (para obter exemplos, consulte PUGH et al., 1963). Apesar do fato de a hierarquia constituir um conceito central na vida real, seu estudo tem sido negligenciado por teóricos das organizações nas décadas mais recentes. A negligência da hierarquia como conceito é uma fonte de preocupação para a Teoria Organizacional porque encoraja a ideia de não ser mais considerada problemática. Os poucos teóricos das organizações, como Jaques (1976), que têm estudado esse tema não são amplamente lidos, e a maioria dos textos atuais sobre organizações dedica apenas uma ou duas páginas ao assunto. Os acadêmicos que trabalham em um nível mais macro, tais como os economistas institucionais e os sociólogos organizacionais, tendem a tratar a hierarquia somente em âmbito bastante abrangente, geralmente para contrastá-la com mercados e redes. Embora seja um aspecto básico do *organizing*, e um conceito muito utilizado, não sabemos o suficiente a respeito das práticas de hierarquização e suas consequências (WAREHAM; BJØRN-ANDERSON; NEERGAARD, 1998). A falta de estudos mais sistemáticos sobre a hierarquia traz um grande desafio para os estudos organizacionais, pois trata-se de um conceito que não corresponde às exigências da prática administrativa pública e privada no mundo atual.

Entretanto, como trata-se de uma dimensão extremamente difundida da vida organizada, a hierarquia merece muito mais atenção que recebe atualmente. Com base nesses pressupostos, este capítulo primeiramente discute o conceito de hierarquia e seus vários atributos, para em seguida considerar um número de questionamentos como os mencionados abaixo:

1. Apesar de a hierarquia estar presente na maioria das organizações atuais, seriam as denominadas "novas formas organizacionais" capazes modificá-la substancialmente?

2. A persistência da hierarquia indica que ela continua a desempenhar certas funções organizacionais necessárias? Como essas se comparam às disfunções organizacionais relacionadas à hierarquia, incluindo as barreiras para comunicação?

3. A hierarquia pode ser combinada com formas alternativas de organização que compensam ou amenizam algumas de suas limitações? Estas alternativas são mais frequentes em formas organizacionais híbridas?

4. A hierarquia também persiste por razões além daquelas relacionadas à funcionalidade organizacional? Por exemplo, a hierarquia pode ser um instrumento para manter e reproduzir as relações de poder? Trata-se de uma escolha estratégica que atende aos interesses de grupos privilegiados da sociedade? Tem condições de atender a algumas necessidades humanas fundamentais?

5. A hierarquia gera capital social? Pode levar a consequências sociais negativas?

6. Os aspectos negativos da hierarquia podem ser amenizados por meio de medidas compensatórias ou de contrabalanceamento? Que medidas compensatórias podem melhorar a "humanização" das organizações? Que medidas internas podem melhorar o equilíbrio da autoridade hierárquica "de cima para baixo", por exemplo, por meio de arranjos para a monitoração e participação "de baixo para cima"?

Hierarquia: o conceito

A hierarquia organizacional contém atributos manifestos e latentes. Dentre os manifestos podemos citar os seguintes:

1. Escala vertical de posições formalmente prescritas.

2. Distribuição de tarefas e responsabilidades ao longo dessa escala. Exemplo: os que estão no topo da hierarquia assumem mais responsabilidades que os que estão em uma posição inferior.

3. Direito de controle daqueles localizados no topo da hierarquia.

4. Centralização de iniciativa nos níveis mais superiores da hierarquia e sua implantação ("execução") por meio do princípio de comando e controle.

5. Diferenciação nas recompensas e salários. As recompensas oferecidas aos que estão em posições mais superiores da hierarquia são maiores que as concedidas aos empregados que estão em posições inferiores da hierarquia.

Os atributos mais latentes da hierarquia incluem:

1. Diferenciação social das pessoas dentro das organizações que atinge e é incorporada pela sociedade de maneira mais ampla e reforça os sistemas de estratificação social.

2. Pressuposição do valor da contribuição de uma pessoa para o sucesso da organização é menor se ela estiver posicionada em um nível inferior da hierarquia.

3. Estabelecimento de padrões de desempenho "de cima para baixo" e de monitoração do desempenho pelas chefias, em vez de vir da própria motivação e capacidade das pessoas.

Hierarquia e novas formas organizacionais

A presença contínua da hierarquia sob condições que encorajam o seu término apresenta um enigma significativo para a análise organizacional. Muitos autores previram a emergência de formas organizacionais que poderiam oferecer uma alternativa clara para a burocracia convencional e para as hierarquias estruturadas. Tais novas formas receberam diferentes rótulos de "pós-industriais" (HEYDEBRAND, 1989), de "pós-modernas" (CLEGG, 1990), de "pós-burocráticas" (HECKCHER; DONNELLON, 1994) e de "redes" (POWELL, 1990). O Quadro 8.1 resume os contrastes entre as formas organizacionais convencionais e·as novas formas organizacionais, incluindo as referentes à hierarquia. Além das modificações diretas da hierarquia, percebem-se outras mudanças, tais como a descentralização de iniciativas e a substituição de papéis claramente definidos por papéis difusos, os quais deveriam aperfeiçoar as maneiras pelas quais a hierarquia se estrutura.

Quadro 8.1 – Contrastes entre formas organizacionais convencionais
e novas formas organizacionais

Atividade e componentes organizacionais	Organização convencional	Nova organização
Estabelecendo o objetivo e a disseminação		
Hierarquia	Iniciativa centralizada e autoridade	Iniciativa distribuída e autoridade
Liderança	Por meio da autoridade formal	Por meio de aconselhamento
Organograma	Uso de canais verticais: comando e controle	Uso de equipes, com menos níveis hierárquicos
Regras e horários	Mandatórios; orientação com base em regras	Discricionários; orientação com base na relação
Controle	Centralizado; pessoal ou com base em regras	Descentralizado: alvo, cultura e/ou com base na gestão de recursos humanos
Recompensa	Baseada no nível hierárquico individual	Baseada no desempenho de grupos
Identificando deveres e papéis		
Especialização	Papéis especializados claramente definidos	Papéis geralmente difusos

continua...

continuação

Atividade e componentes organizacionais	Organização convencional	Nova organização
Normas	Preferência por regras confinadas	Preferência por papéis mais amplos e expandidos
Grau de integração	Ênfase na diferenciação em vez de na integração	Forte ênfase na integração
Mantendo um sistema de agregação de valor		
Sistemas	Ênfase em estratégias que reduzem incertezas	Ênfase em estratégias que sinalizam a necessidade de mudança
Modos de integração	Por meio de procedimentos e papéis formais	Por meio de contato direto, tecnologias de informação e comunicação
Redes de contato	Apenas com os *stakeholders* principais	Integrais à cadeia de valor
Terceirização	Integração vertical em unidades amplas; poucas terceirizações	Integração horizontal entre unidades menores; atividades não essenciais são terceirizadas
Alianças	Evitadas por causa de receio de conflito e perda de controle	Amplamente utilizadas
Organizing além das fronteiras	Coordenação financeira ou por meio de organização por divisão internacional. Integração primariamente vertical	Organização multidimensional complexa que tenta, simultaneamente, ganhar benefícios de coordenação global e iniciativa local. Integração tanto vertical, quanto lateral

Fonte: Proposto pelos autores.

As mudanças que resultam em novas formas organizacionais têm sido atribuídas a uma gama de forças contextuais, incluindo intensificação da competição, taxas crescentes de inovação, pressões provenientes dos consumidores, prevalência de serviços intangíveis, significância crescente das tecnologias de informação e comunicação, e força de trabalho mais versada. Como Child e McGrath (2001, p. 1136) expõem a fixação de limites de autoridade de cima para baixo "é inadequada quando a mudança massiva, o dinamismo ambiental e altos níveis de incerteza considerável são muito frequentes". Além de serem adaptáveis a novas condições, esperava-se que os novos formatos organizacionais pudessem atender melhor às aspirações das pessoas que trabalham nas organizações, por facilitarem direcionamentos no sentido de *empowerment* (WILKINSON, 1998; DOUGHTY, 2004). Como sugerido anteriormente, a expectativa de que a hierarquia "está de saída" pode ajudar a explicar a surpreendente falta de atenção dada ao assunto na literatura organizacional (LEAVITT, 2005).

Entretanto, apesar dessas expectativas, é evidente que, das muitas características da organização convencional, a hierarquia é uma delas, e permanece tanto nas empresas, quanto no setor público (PETTIGREW; FENTON, 2000; ALVESSON; THOMPSON, 2005). Algumas modificações, como reduções no número de níveis hierárquicos e mudanças contextuais que tornaram a hierarquia dispensável, têm também sido usadas para fortalecê-la. Por exemplo, os desenvolvimentos em Tecnologias de Informação e Comunicação (TICs) são considerados uma forma de substituir a hierarquia ao permitir que os empregados tomem suas próprias decisões com base na comunicação e na informação fornecidas diretamente a eles por meio dos canais eletrônicos. Assim, em vez de se sujeitarem à intrusão do comando e do controle, os empregados seriam guiados por um conjunto de objetivos corporativos, e seus desempenhos seriam monitorados de forma remota. Essa abordagem alternativa condiz com as expectativas a respeito das competências da nova geração de trabalhadores do conhecimento, considerados mais qualificados. Na prática, os sistemas de TICs têm mantido as estruturas de gestão existentes, para centralizar o controle e para melhorar o poder dos que estão em posição de autoridade (SCHWARZ, 2002).

De forma semelhante, a intensificação da competição, que se esperava solapar a hierarquia por causa de suas qualidades não adaptativas, a tem reforçado. Um exemplo atual refere-se às pressões de cima para baixo por resultados que acompanhem a busca pelo valor do acionista. Essas questões têm sido bastante evidentes no caso de empresas adquiridas pela iniciativa privada, nas quais os novos proprietários – investidores financeiros – impõem pressões extremas sobre toda a organização, para a cadeia vertical, de cima para baixo, desde os executivos-chefes, para que as práticas organizacionais ultrapassem os limites de desempenho já praticados e os resultados financeiros já obtidos (RODRIGUES, 2007). As estratégias para obtenção de retornos financeiros mais altos têm reforçado o comando e o controle hierárquico em tais casos. Observa-se, assim, uma intensificação das pressões também no setor de serviços, para adoção de estratégias e práticas extremamente severas de um capitalismo moderno, mas particularmente impiedoso e muitas vezes inescrupuloso.

Nem as estratégias empresariais para obtenção de vantagens competitivas com adoção generalizada de terceirização e uso de redes conseguiram substituir as relações hierárquicas. Mesmo as cadeias "virtuais" de suprimento e de valor não eliminaram as hierarquias. Por exemplo, no caso das organizações de rede, presentes em empresas como a Dell Computers e a Cisco Systems, as hierarquias das organizações unitárias estão presentes, neste contexto, pois são os "coordenadores de redes" que estão na liderança e detêm de fato o controle das estratégias e práticas administrativas. Isso acontece não apenas porque as redes, como sistemas, requerem "céres bros" (CHILD; FAULKNER; TALLMAN, 2005), mas também pelo fato de a opinião pública impor pressões para que as empresas líderes sejam responsáveis, social e eticamente, pelos fornecedores e clientes que contratam. O fato é que as hierarquias internas das empresas transformam-se em hierarquias externas, às quais são impostas relações de mercado que muitas vezes não são sujeitas a contratos.

Em outras palavras, parece que a persistência da hierarquia deve-se a algo além do mero *path-dependence* (dependência das soluções tradicionais). Ela continua a ter poder de confiança pelo fato de transmitir alguns benefícios para a operação de organizações e/ou para as pessoas que fazem parte dessas organizações. As demais seções deste capítulo tratam dos benefícios provenientes da hierarquia e os comparam com seus efeitos negativos.

Funções e disfunções organizacionais da hierarquia

A persistência da hierarquia é em geral justificada por dois fatores: (1) porque oferece contribuições organizacionais indispensáveis; e (2) porque resulta da ação daqueles que detêm o poder. Em sua forma mais geral, o argumento de que a hierarquia é indispensável vem da visão de que ela simplesmente reflete uma necessidade universal, proveniente do ambiente ou faz parte da tendência dos seres humanos, para organizar tudo em hierarquias e filas (KIPFER, 2001). Esse argumento afirma que a hierarquia sempre será uma característica intrínseca e aceita na cultura das organizações e nas sociedades como um todo. Mais especificamente, dentro das organizações, a hierarquia pode ser considerada uma divisão vertical do trabalho que serve como base para alocar os diferentes níveis de responsabilidade (JAQUES, 1956). Ao distribuir papéis de acordo com o nível de responsabilidade, admite também uma alocação correspondente de autoridade e responsabilidade. Ao fazer isso, a hierarquia fornece um esquema de referência que facilita o exercício do controle, criando assim as bases de goevernança para as organizações. Oferece, portanto, uma justificativa essenrcial para a atribuição de responsabilidades, que é valiosa em um contexto no qual a efetividade da governança corporativa é considerada prioritária (SUNDARAMURTHY; LEWIS, 2003). A esse respeito, a hierarquia desempenha uma função de "habilitação" e construção do capital social, na medida em que ajuda a tornar mais claro aos membros de uma organização o que se espera deles, indicando também como devem responder mais responsavelmente e mais efetivamente a tais expectativas de desempenho.

Os defensores da hierarquia também sustentam que a clara divisão de responsabilidades, quando associada à diferenciação salarial, implica maior transparência, o que atribui maior legitimidade à maneira como a hierarequia é definida. Supondo que as pessoas selecionadas para ingressar em uma organização são encarregadas de tarefas que têm a capacidade de executar e para isso lhes é atribuído um poder decisório, a hierarquia deveria alinhar o trabalho, a capacidade e os salários, de forma que seu princípio organizativo e estruturante seja considerado razoável e justo, e não agrave o problema de "agência" que explicaremos mais adiante (JAQUES, 1976).

Em contraposição a esses possíveis benefícios organizacionais estão as limitações que a hierarquia apresenta ao ser confrontada com as necessidades estratégicas contemporâneas de adaptação e inovação. A hierarquia tende a promover a comunicação e a iniciativa de cima para baixo. Contudo, argumenta-se que a habilidade para inovar e se adaptar a mudanças ambientais requer capacidade de auto-organização espontânea. Isso, por sua vez, significa que a autoridade e a iniciativa devem ser delegadas aos que têm acesso à informação relevante à questão ou ao problema em discussão (BURNES, 2005). Os profissionais do conhecimento cada vez mais detêm as informações estratégicas nas organizações, mas, quando as estruturas continuam centralizadas, isso gera disfunções. Como Beinhocker (2006, p. 379) propôs: "a rigidez inerente a essas estruturas [organizações de comando e controle hierárquicos] as transforma em coisas inúteis nas situações que requerem transações de mercado". Apesar disso, mesmo em organizações altamente inovadoras, a manutenção de certa hierarquia pode se mostrar necessária para evitar o caos e para preservar o senso de justiça entre os empregados (FOSS, 2003). Isso pode facilitar a inovação ao oferecer equipes com um conjunto de objetivos claros e com recursos (DRUMMOND, 1997).

A hierarquia também é frequentemente uma barreira para a comunicação aberta e precisa nas organizações. Os argumentos em favor da hierarquia identificam outros aspectos positivos desse mecanismo organizacional, como preservação da autonomia, maior credibilidade, confiança e proteção contra o oportunismo. Contudo a hierarquia pode ser disfuncional para a efetividade das comunicações. Quando a comunicação vem de cima para baixo no que se refere a ordens, tende a ser reinterpretada como um aviso por aqueles que estão nos níveis mais baixos da hierarquia, mas, quando se trata de más notícias vindas do topo, tende a ser alterada ou até negada. Um grande número de níveis hierárquicos geralmente estimula um sentimento de distância entre o topo e a base da organização, promovendo um senso de alienação que ameaça sua unidade cultural. Conforme Child (2005, p. 67) ilustra, as iniciativas empreendidas por gerentes para superar essa distância tomam muito o tempo deles, e podem ser improdutivas.

É necessário conduzir mais investigações sobre funções e disfunções organizacionais da hierarquia, e essas investigações devem levar em conta uma explicação multidisciplinar com base em diversas perspectivas que possam contribuir para o tema, como a psicologia social, a governança corporativa, a teoria da agência e a administração estratégica. Isso deveria ser seguido de uma contextualização do equilíbrio entre os prós e contras da hierarquia com base nas necessidades estratégicas que prevalecem e em comparação com alternativas como mercados e redes. Alguns estudos oferecem contribuições para a elaboração de um esquema de referência conceitual que leve em consideração estratégicas alternativas que poderiam aperfeiçoar as hierarquias, como o trabalho de March (1991), no qual se estabelece a distinção entre exploração horizontal (*exploration*) e exploração vertical (*exploitation*), e o trabalho de Child (2005) sobre a necessidade de adaptação, eficiência e inovação. Contingências relevantes, tais como tamanho da organização, devem também ser levadas em consideração.

O escopo para as formas organizacionais híbridas

A análise nesta seção do capítulo tem por objetivo elencar as situações nas quais a hierarquia pode ser mais adequada, por exemplo, quando o conhecimento disponível pode ser explorado verticalmente e com eficiência, tanto em empresas quanto em agências públicas. Normalmente, requisitos de eficiência e exploração vertical não surgem isoladamente, aparecem combinados com outras necessidades de adaptação e inovação. Em tais casos, soluções híbridas ou ambidestras podem ser apropriadas para reconciliar a ordem e a responsabilidade de forma a melhorar a capacidade de adaptação e renovação além do que os arranjos hierárquicos podem fazê-lo (TUSHMAN; O'REILLY, 1996; MALNIGHT, 2001; FOSS, 2003). Child (2005) examinou algumas das soluções que foram adotadas e defendidas por várias combinações de necessidades de eficiência, adaptação e inovação. Essas soluções combinam hierarquia com outras formas que incluem a alternância entre elas, conforme as circunstâncias, segmentando de acordo com a natureza das tarefas a serem desempenhadas, ou operando com arranjos mistos como estruturas matriciais, que sobrepõem as funções de coordenação não hierárquica sobre as estruturas rigidamente hierárquicas.

Outras razões para a persistência da hierarquia

A hierarquia também pode persistir pelo fato de oferecer benefícios para determinadas categorias de pessoas independentemente de sua funcionalidade como um princípio organizacional. Embora a hierarquia possa implicar custos significativos para os empregados, em sua forma tradicional, esse arranjo organizacional pode oferecer alguns benefícios importantes, como o de uma estrutura de classificação e carreira que leva em conta a promoção, criando assim certo grau de certeza para os membros organizacionais. Contudo, a promoção por meio da escala hierárquica pode também não ser motivadora para as pessoas com alta ambição, pois apenas um parcela se beneficia dela, em razão da falta de estabilidade nos empregos em muitos campos de trabalho.

A motivação das pessoas que estão em uma posição em que podem decidir se substituem ou modificam arranjos hierárquicos pode ser mais expressiva. Nesse caso podemos recorrer à "perspectiva da agência", em que o desenho organizacional é visto como resultado de um processo de estruturação (GIDDENS, 1984) no qual certos agentes criam e modificam estruturas motivados por intenções específicas que visam reter ou modificar a ordem social. Assim, as estruturas existentes não são suficientes para explicar toda a história, pois são controladas por atores (agentes) humanos que têm razões especiais para tentar preservá-las, mesmo quando se adaptam a novas circunstâncias. Aqueles que estão em posições de poder consideram conveniente usar a hierarquia, não apenas pelo fato de ela manter um grau de ordem necessário, mas também porque contribui para preservar seus privilégios e poderes. Estudos de caso sobre como novas TICs são utilizadas nas organizações claramente mostram como os gerentes na cúpula da organização se empenham para preservar os arranjos hierárquicos mesmo quando a tecnologia permite menos alternativas hierárquicas (para obter exemplos, consulte CHILD; LOVERIDGE, 1990; SCHWARZ, 2002). Nesse contexto, também é importante lembrar a maneira como a resistência persistente dos gerentes de topo pode atravancar as iniciativas orientadas para a melhoria da participação organizacional (HELLER et al., 1998).

Em resumo, não é apenas a funcionalidade operacional que faz com que a hierarquia seja conservada nas organizações contemporâneas, ela também é mantida para servir ao poder e a seus interesses, gerando assim custos sociais significativos.

A hierarquia e o capital social

A hierarquia tem um impacto amplo sobre o capital social porque molda a estrutura das relações sociais (ADLER; KWON, 2002) e isso se expressa tanto no nível micro (indivíduo e grupo), quanto no nível macro (sociedade).

Ao avaliar as contribuições sociais da hierarquia, deveríamos considerar suas duas faces. Uma face relaciona a hierarquia como princípio organizativo **integrador** capaz de melhorar os benefícios do esforço coletivo por meio do controle e da coordenação. Essa é a contribuição positiva que a hierarquia pode fazer ao capital social, uma vez que ajuda a criar ordem em um mundo, que, sem ela, seria caótico. A outra face da hierarquia diz respeito à forma pela qual ela cria uma **diferenciação** social por meio dos critérios que estabelece para alocação de recompensas, poder e status. Essa outra face geralmente se desvia do capital social nos níveis micro e macro, o que deveria ser objeto de uma reflexão mais profunda.

Um dos pontos a serem considerados é o de que, apesar de a hierarquia contribuir para se criar e manter uma ordem social com base em capital social e intelectual, suas consequências sociais mais amplas são arrebatadoramente negativas e estão piorando. Isso se dá por conta da maneira como ela diferencialmente aloca a recompensa, o poder e o status. Dentro das organizações, tal fato origina um problema de agência inerente que surge porque as pessoas que ocupam as posições mais baixas da hierarquia não veem uma coincidência de interesse com aquelas do topo (CHILD; RODRIGUES, 2003). As pessoas que ocupam posições mais baixas na pirâmide social podem não confiar nos líderes organizacionais, especialmente se eles demonstrarem falta de comprometimento com os empregados, por exemplo, por meio de demissões. Os empregados podem consequentemente distorcer ou negar informações, bem como agir às escondidas, para proteger suas posições, para favorecer sua situação, por uma recompensa melhor ou como um protesto. As dificuldades de cooperação podem ser mais sérias quando os membros organizacionais nos níveis mais baixos são "profissionais do conhecimento" que retêm informações vitais para uma inovação bem-sucedida e para a mudança adaptativa (ZENGER, 1994).

Isso impõe limitações à hierarquia como uma forma organizacional capaz de favorecer a inovação. Ironicamente, um recurso para a hierarquia como meio para reduzir o risco de agência associado à perda de controle (WILLIAMSON, 1967) pode criar novos problemas de agência. Portanto, no nível organizacional, os efeitos sociais negativos da hierarquia contribuem para suas disfunções como um princípio organizacional.

Os efeitos negativos são evidentes quando os diferenciais de poder, status e renda têm consequências para a saúde pessoal e o bem-estar dos empregados. A forma pela qual as hierarquias organizacionais estruturam tais diferenciais pode criar um sentido de privação e alienação relativas. Com base em sua síntese de um amplo corpo de pesquisas, Wilkinson (2005) concluiu que são as desigualdades na sociedade que contribuem para a doença e não os níveis absolutos de renda e riqueza. Essas desigualdades acontecem por meio do baixo status social, pela privação relativa e pela qualidade mais pobre das relações sociais que acompanham a desigualdade. Tais características da hierarquia podem exacerbar seus efeitos, mostrando sua outra "face" como instrumento facilitador da distribuição de benefícios e privilégios econômicos e sociais. Wilkinson comenta sobre "o sucesso surpreendente das variáveis psicossociais ao explicar as diferenças entre morbidez e mortalidade" (WILKINSON, op. cit., p. 60). Essas variáveis incluem "falta de sentimento de controle", "falta de confiança", "falta de apoio social", "relações sociais ruins", "estresse no trabalho", enfim, refletem recompensas sociais e materiais de um trabalho que não corresponde ao esforço despendido e resulta em insegurança. A falta de confiança nos líderes organizacionais – altamente comum – é um dos fatores mais importantes que dão origem a esses problemas.

Essas tendências no nível micro impactam o bem-estar da sociedade como um todo. A conexão entre níveis micro e macro parece óbvia, mas, às vezes, é negligenciada; o fato é que muitos de nós continuamos a trabalhar em organizações e somos afetados massivamente por decisões tomadas por líderes organizacionais. A hierarquia cria uma distância entre pessoas, que é tanto estrutural, quanto relacional. Ela se empresta à assimetria de informação, à falta de transparência e à baixa compreensão mútua. O problema de "agência" nas hierarquias expressa-se de duas formas:

quando os gestores seniores falham em assegurar o comprometimento daqueles em posições inferiores e quando os que estão em posições inferiores não conseguem impor limites ou expor as más práticas do topo. A distância entre controladores e controlados tem aumentado com o maior número de grandes corporações e de departamentos governamentais. O aumento dessa distância é provavelmente uma das causas mais importantes do baixo nível de confiança do público nos líderes organizacionais (para obter exemplos, consulte EDELMAN TRUST BAROMETER, 2013).

Como resultado, a diferenciação hierárquica dentro das organizações está ajudando a criar as condições para uma sociedade pós-democrática na qual estão presentes desigualdades crescentes de riqueza, poder, reduções na transparência, um colapso na confiança em líderes e dúvidas emergentes sobre o valor da democracia em si (FONTE, 2004; KURTZ, 2005). Isso seriamente ameaça a coesão social. Então, enquanto a "democracia industrial (organizacional)" é normalmente tratada como uma questão à parte da democracia política, a "saúde" da última pode ser afetada pela ausência da primeira. A questão é se algo pode ser feito a respeito dessa situação potencialmente ameaçadora das práticas democráticas.

Possibilidades para atenuar os efeitos negativos da hierarquia organizacional

Uma das alternativas para a redução dos efeitos negativos da hierarquia consiste na diminuição dos níveis hierárquicos. Não faz sentido prescrever-se o número ideal de níveis hierárquicos sem levar-se em conta o tamanho da organização, inclusive o número de unidades e mudanças estruturais por meio da terceirização e formação de redes. As iniciativas que visam a substituição da coordenação vertical pela horizontal podem interferir na eficiência do trabalho em equipe ou gerar atrasos nos processos decisórios (CHILD, 2005).

Nos últimos 15 anos os gestores tomaram algumas iniciativas para atenuar os efeitos indesejáveis das hierarquias, dentre elas a redução de níveis hierárquicos (PETTIGREW; FENTON, 2000). É possível que a diminuição de níveis organizacionais resulte em uma organização menor, mas não necessariamente, pois a redução de níveis pode ser feita sem que o tamanho da organização seja alterado, por exemplo, pela utilização de equipes que transitam em níveis organizacionais diferentes (FOSS, 2003).

Os estudos organizacionais indicam a existência de uma relação próxima entre o tamanho organizacional e o número de níveis organizacionais, mas essa relação parece admitir alguma flexibilidade, considerando-se o tipo de estratégia adotado por algumas empresas de reduzir os níveis hierárquicos sem diminuir seu tamanho (LITTLER, 2000). Considerando-se que as reduções diretas nas hierarquias estão sujeitas a fatores contingenciais, surge a questão se suas consequências negativas podem ser contrabalanceadas, ou pelo menos amenizadas por meio de estratégias indiretas. A redução direta envolve a "humanização" da hierarquia e a utilização de formas alternativas de poder; uma perspectiva já analisada há bastante tempo por alguns autores (McGREGOR, 1960). A "gestão participativa" e o *empowerment* têm atraído a atenção de vários acadêmicos. Contudo, pesquisas nesse assunto sugerem que a humanização é um paliativo, em vez de uma solução, para os problemas associados à distância criada por meio de formas organizacionais hierárquicas. Ela não fornece uma solução confiável ou legítima para as disfunções hierárquicas. (DOUGHTY, 2004; LEAVITT, 2007). De fato, a humanização pode tornar-se rapidamente desacreditada por causa do comportamento interesseiro dos líderes organizacionais e das demissões, podendo levar a uma ruptura de confiança e um cinismo generalizado (CHILD; RODRIGUES, 2004a).

Isso dá margem à segunda estratégia indireta, que se baseia na reforma estrutural, a qual se refere à introdução de mecanismos de governança que dão voz e poderes que se contrapõem àqueles conferidos por hierarquias organizacionais. Estes incluem a posse, pelo empregado, dos direitos que foram acordados com eles (e possivelmente com outros *stakeholders*) e o estabelecimento de normas para a automonitoração (ver também BROWN, 1960; CHILD; RODRIGUES, 2004a; HELLER; PUSIC; STRAUSS; WILPERT, 1998; WILLIAMS, 2007). Esses mecanismos consistem em regras e normas sociais delineadas para proteger a democracia política. Como essas normas podem algumas vezes ferir os interesses de lideranças estabelecidas, as consequências advindas de sua aplicação podem ser imprevisíveis. Apesar disso, há evidências de que o efeito no desempenho organizacional é positivo, e não negativo, especialmente quando cuidadosamente desenhado e adequadamente apoiado por treinamento (HELLER et al., 1998; MICHIE, 2007; WILLIAMS, 2007). Os defensores da abordagem estrutural argumentam que a concessão de direitos e/ou a ampliação da capacidade decisória dos membros organizacionais constituem provavelmente estratégias mais efetivas que o emprego de medidas como *empowerment* ou melhoria de comunicação, pois estes são, na melhor das hipóteses, meros paliativos, e, na pior das hipóteses, objetivam desviar a atenção dos problemas subjacentes.

Essa abordagem toma como base a criação de modelos que envolvem o domínio político, que vêm cada vez mais se tornando amplamente aceitos em sociedades democráticas. Eles envolvem a introdução de estruturas paralelas àquelas da hierarquia executiva, com o objetivo de influenciar a elaboração de políticas e os meios judiciais que limitam o abuso. Brown (1960), um líder de negócios, sugeriu que o "sistema executivo" (hierarquia) dentro das empresas poderia ser muito mais efetivo se não fossem as disputas políticas (incluindo a justiça distributiva) e as complicações da justiça processual. Esse autor defendeu a introdução de sistemas "legislativos" e "judiciais" paralelos e complementares. A governança corporativa está atualmente lutando contra o problema de como tornar os líderes corporativos mais eficientes e responsáveis, muito embora essa perspectiva seja limitada pela atribuição de responsabilidade exclusivamente aos proprietários (BAKAN, 2005). Nesse ponto, uma definição abrangente de propriedade pode ser mais apropriada. Drucker (2001, p. 8) argumentou que os "profissionais do conhecimento", coletivamente, serão os novos capitalistas, pois o "conhecimento" vem se transformando cada vez mais em um recurso essencial e escasso, uma vez que permite a diferenciação das capacidades organizacionais em relação aos concorrentes, principalmente quando pode ser transformado em recursos financeiros ou gerar outros recursos importantes para o sucesso da empresa. Tendo em conta as dificuldades que as hierarquias organizacionais enfrentam atualmente, sua reformulação, por meio de estruturas paralelas, torna-se uma questão bastante premente tanto do ponto de vista da efetividade organizacional, quanto do atendimento aos critérios sociais.

Conclusão

Parece que a hierarquia veio para ficar e continuará a seguir seu curso por milhares de anos. Tentativas de modificá-la, em geral, não foram muito longe. O mínimo que se espera é a capacidade de lidar com os excessos, e não simplesmente eliminá-la. Em relação a isso, exploramos a contribuição dos mecanismos de governança que oferecem voz e poderes contrabalanceados nas hierarquias organizacionais. O controle de abusos hierárquicos é, diretamente, uma questão de governança.

O questionamento é se novas formas organizacionais podem ser encontradas de maneira mais efetiva no âmbito de uma ordem social mais legítima. Em outras palavras, novos formatos organizacionais podem promover uma cultura socio-organizacional mais saudável? Conforme o conhecimento acumulado na história das revoluções, isso tem sido alcançado, até certo ponto, na esfera da política nacional, em muitos casos, sem resistência considerável daqueles que até então detinham o poder. Os arranjos atuais nas democracias políticas permitem a manutenção da hierarquia em razão de sua contribuição para a eficiência e para a ordem social, ao mesmo tempo, e porque implicam critérios mais claros de responsabilidade e transparência. Judiciários e legislativos independentes, bem como instituições como a livre imprensa, são incorporados nesses sistemas como poderes contrabalanceados que provaram ser absolutamente necessários na prevenção da corrupção por aqueles no comando das hierarquias. Em uma democracia esses poderes podem ser contrabalanceados, apesar de não funcionarem com perfeição. Conforme disse Winston Churchill, todos os outros sistemas de governo são piores.[2]

O domínio da política em seus diversos níveis – internacional, nacional e local – enfrenta muitos dos mesmos desafios que as empresas se deparam, por exemplo, reconciliar a melhoria do desempenho (resultados desejados a um custo aceitável) com a responsabilidade social garantindo-se a integridade de seu significado social. Uma das justificativas para a existência da democracia política diz respeito à escala de recursos – de poder – de que os estados dispõem. O mesmo se aplica a muitas corporações multinacionais que são grandes, ou até maiores que os estados-nação, e estão crescendo mais ainda com o passar do tempo. Aqueles de nós que vivemos em sociedades democráticas podemos reclamar sobre a forma como elas funcionam, mas poucos de nós trocaríamos o que temos por uma alternativa autocrática. Sabe-se pouco a respeito das razões pelas quais as sociedades democráticas toleram a introdução de arranjos alternativos. Contudo, uma das razões para isso deve-se ao fato de as teorias vigentes interpretarem essas mudanças como externas ao campo da política. Uma pergunta relevante a esse contexto é: se reconhecemos a importância da hierarquia e suas consequências para todos nós, por que não procuramos analisá-las do ponto de vista político? Se os sistemas de governança evoluíram na esfera política ao ponto de permitir que os critérios de desempenho coexistam com os de responsabilidade e transparência, e que certamente melhoram o desempenho, por que não utilizamos também essa perspectiva? A perspectiva da governança certamente mostraria que a razão pela qual a administração empresarial resiste à introdução de práticas participativas nas organizações deve-se à falta de confiança nos empregados ou, de outro lado, à vontade política de manter privilégios individuais ou grupais. Encontram-se com frequência ambas as tendências hoje em dia, na medida em que grandes empresas continuam a recompensar, generosamente seus principais executivos por falhas.

A teoria da organização tem, há algum tempo, privilegiado as discussões sobre a relação entre empresas e sociedade. Analistas organizacionais têm perdido bastante credibilidade e têm ficado exaustos com os

---

[2] Em 1947, durante um discurso, Winston Churchill, primeiro-ministro britânico durante a Segunda Guerra Mundial, disse que "a democracia é a pior forma de governo, exceto por todas as outras". Tradução livre de: "Democracy is the worst form of government, except for all those other forms that have been tried from time to time."

vinte anos de disputas entre paradigmas diversos. Alguns têm buscado refúgio na exploração relativamente segura (porém, inócua) das minúcias do discurso e na análise narrativa. Está na hora de voltarmos para as grandes questões que levam em conta o bem-estar social, a saúde das comunidades e o uso de recursos escassos de um meio ambiente já espoliado. Isso significa aplicar, sem dúvida, as ferramentas metodológicas mais refinadas disponíveis (incluindo as de análise do discurso) e considerar os *insights* que investigações passadas têm nos oferecido sobre as bases estruturantes para o poder, além de empregá-las também para desafiar a hegemonia de caciques hierárquicos que frequentemente se opõem às reformas organizacionais. As teorias organizacionais oferecem evidências suficientes para que possamos assumir esse desafio e, assim, elencar os obstáculos que se impõem à reforma da hierarquia. Dessa forma, a teoria organizacional poderia alcançar maturidade e oferecer orientações para uma concepção mais justa da sociedade e de suas instituições.

Referências

ADLER, P. S.; BRIAN, B. Two types of bureaucracy: enabling and coercive. *Administrative Science Quarterly*, n. 41, p. 61-89, 1996.

_____; SEOK-WOO, K. Social capital: prospects for a new concept. *Academy of Management Review*, n. 27, p. 17-40, 2002.

ALVESSON, M.; THOMPSON, P. Post-bureaucracy? In: ACKROYD, S. et al. (eds.). *The Oxford Handbook of Work and Organization*. Oxford: Oxford University Press, 2005. p. 485-507.

BAKAN, J. *The corporation*: the pathological pursuit of profit and power. Londres: Constable, 2005.

BEINHOCKER, E. D. *The origin of wealth*: evolution, complexity, and the radical remaking of economics. Boston, MA: Harvard Business School Press, 2006.

BROWN, W. *Exploration in management*. Londres: Heinemann, 1960.

BURNES, B. Complexity theories and organizational change. *International Journal of Management Reviews*, v. 7, n. 2, p. 73-90, 2005.

CHILD, J. *Organization*: contemporary principles and practice. Oxford: Blackwell, 2005.

_____; FAULKNER, D.; TALLMAN, S. *Cooperative strategy*. Oxford: Oxford University Press, 2005.

_____; LOVERIDGE, R. *Information technology in European services*. Oxford: Blackwell, 1990.

_____; McGRATH, R. G. Organizations unfettered: organizational form in an information-intensive economy. *Academy of Management Journal*, n. 44, p. 1.135-48, 2001.

_____; RODRIGUES, S. B. Corporate governance and new organizational forms. *Journal of Management and Governance*, n. 7, p. 337-60, 2003.

_____; _____. Repairing the breach of trust in corporate governance. *Corporate governance*: an international review, n. 12, p. 143-51, 2004a.

_____; _____. Corporate governance and the move from hierarchy: the problem of double agency. In: DUMEZ H. (ed.) *Gouverner les Organisations*. Paris: L'Harmattan, 2004b. p. 255-79.

CLEGG, S. *Modern organizations:* organization studies in the post-modern world. Londres: Sage, 1990.

DEETZ, S. Ensaio – Cultura: a Constelação. In: MARCHIORI, M. (org.) *Perspectivas Metateóricas da Cultura e da Comunicação.* São Caetano do Sul: Difusão, 2013. (Coleção Faces da cultura e da comunicação organizacional, v. 3)

DOUGHTY, H. A. Employee empowerment: democracy or delusion? *The Innovation Journal:* the Public Sector Innovation Journal, n. 9, p. 1-24, 2004.

DRUCKER, P. The new workforce: knowledge workers are the new capitalists. *The Economist,* p. 8-13, 3 nov. 2001.

DRUMMOND, A. *Enabling conditions for organizational learning:* a study in international business ventures. Tese (Doutorado) não publicada. Judge Business School, University of Cambridge, 1997.

EDELMAN TRUST BAROMETER, 2013. Disponível em: <http://www.edelman.com/news/2013-edelman-trust-barometer-finds-a-crisis-in-leadership/>. Acesso em: 24 mar. 2014.

FONTE, J. Democracy's Trojan horse. *The National Interest,* n. 76, p. 117-27, 2004.

FOSS, N. J. Selective intervention and internal hybrids: interpreting and learning from the rise and decline of the Oticon Spaghetti organization. *Organization Science,* n. 14, p. 331-49, 2003.

GIDDENS, A. *The constitution of society:* outline of the theory of structuration. Cambridge: Polity Press, 1984.

HECKSCHER, C.; DONNELLON, A. (eds.). *The Post-Bureaucratic Organization:* new perspectives on organizational change. Thousand Oaks, CA: Sage, 1994.

HELLER, F. et al. *Organizational participation:* myth and reality. Oxford: Oxford University Press, 1998.

HEYDEBRAND, W. New organizational forms. *Work and Occupations,* n. 16, p. 323-57, 1989.

HOFSTEDE, G. *Culture's Consequences.* Thousand Oaks, CA: Sage, 1980.

JAQUES, E. *Measurement of responsibility.* Londres: Tavistock, 1956.

JAQUES, E. *A General Theory of Bureaucracy*. Londres: Heinemann, 1976.

_____. In praise of hierarchy. *Harvard Business Review*, p. 127-33, jan./fev. 1990.

KIPFER, B. A. *The order of things*: how everything in the world is organized into hierarchies, structures and pecking orders. Nova York: Random House, 2001.

KURTZ, P. Is America a post-democratic society? How to preserve our republic. *Free Inquiry*, v. 25, n. 1, 2005. Disponível em: <http://www.secularhumanism.org/library/fi/kurtz_25_1.htm>. Acesso em: 17 mar. 2014.

LEAVITT, H. J. *Top down*. Boston, MA: Harvard Business School Press, 2005.

_____. Big organizations are unhealthy environments for human beings. *Academy of Management Learning & Education*, v. 6, n. 2, p. 253-63, 2007.

LITTLER, C. R. Comparing the downsizing experiences of three countries: a restructuring cycle? In: BURKE, R. J.; COOPER C. L. (eds.) *The Organization in Crisis*, p. 58-77, 2000.

MALNIGHT, T. W. Emerging structural patterns within multinational corporations: Toward process-based structures. *Academy of Management Journal*, n. 44, p. 1.187-210, 2001.

MARCH, J. G. Exploration and exploitation in organizational learning. *Organization Science*, n. 2, p. 71-87, 1991.

MAYO, E. Hawtorne and the Western Eletric Company. The social problems of an industrial civilisation. London-New York: Routledge, 1949.

McGREGOR, D. *The human side of enterprise*. Nova York: McGraw-Hill, 1960.

MICHIE, J. The economic case for HM Treasury to support the employee owned business sector through tax breaks and the reform of the treatment of employee trusts. *Report Employee Ownership Association*, nov. 2007.

MINTZBERG, H. (2009). *Managing*. São Francisco, CA: Berrett-Koehler/ FT Prentice Hall.

MOONEY, J. D.; REILEY, C. A. *Onward industry!* The principles of organization and their significance to modern industry. Nova York: Harper, 1931.

NATHAN, M. *The state of the office*: the politics and geography of working space. Londres: The Industrial Society, 2002.

PETTIGREW, A. M.; FENTON, E. M. (eds.). *The Innovating Organization*. Londres: Sage, 2000.

POWELL, W. W. Neither market nor hierarchy: network forms of organization. *Research in Organizational Behavior*, n. 12, p. 295-336, 1990.

PUGH, D. S. et al. A conceptual scheme for organizational analysis. *Administrative Science Quarterly*, n. 8, p. 289-315, 1963.

RODRIGUES, S. B. New capitalism and the breach of trust in employment contact: private equity and the ideology of shareholder value. Artigo não publicado. Birmingham Business School, University of Birmingham, nov. 2007.

SCHWARZ, G. M. Organizational hierarchy adaptation and information technology. *Information and Organization*, n. 12, p. 153-82, 2002.

SUNDARAMURTHY, C.; LEWIS, M. Control and collaboration: paradoxes of governance. *Academy of Management Review*, n. 28, p. 397-415, 2003.

TAYLOR, F.W. The principles of scientific management. New York: USA and London: UK: Harper & Brother, 1911.

TUSHMAN, M. L.; O'REILLY C. A. The ambidextrous organization. *California Management Review*, n. 38, p. 8-30, 1996.

WAREHAM, J.; BJØRN-ANDERSON N.; NEERGAARD, P. Reinterpreting the demise of hierarchy: a case study in information technology empowerment and incomplete contracts. *Information Systems Journal*, n. 8, p. 257-72, 1998.

WILKINSON, A. Empowerment: theory and practice. *Personnel Review*, n. 27, p. 40-56, 1998.

WILKINSON, R. *The impact of inequality*: how to make sick societies healthier. Nova York: The New Press, 2005.

WILLIAMS, R. C. *The cooperative movement*: globalization from below. Aldershot: Ashgate, 2007.

WILLIAMSON, O. E. Hierarchical control and optimum firm size. *The Journal of Political Economy*, n. 75, p. 123-38, 1967.

ZENGER, T. R. Explaining organizational diseconomies of scale in R&D: agency problems and the allocation of engineering talent, ideas and effort by firm size. *Management Science*, n. 40, p. 708-29, 1994.

TETRA PAK: COMUNICAÇÃO DE LIDERANÇA

Elisa Prado

Com a internet e a troca frenética de informações em todo o mundo, a comunicação empresarial vive um novo momento. Como todo cenário de mudança, o mercado experimenta períodos de acertos e erros em que todos estão tateando e aprendendo uns com os outros. Há tempos não temos mais um único emissor transmitindo uma mensagem, que é recebida por um ou mais indivíduos. Com o crescimento das redes sociais, todos podem ser emissores, todos podem ter opinião, voz, espaço e audiência, mas e a credibilidade? E a efetividade da mensagem transmitida? E a ação tomada com o impacto da mensagem?

Na Tetra Pak, priorizamos a comunicação constante e com transparência e acreditamos no valor deste trabalho como ferramenta estratégica no relacionamento com nossos públicos. Para que de fato se alcance a conscientização, assim como para uma mudança de comportamento, de cultura ou uma simples ação de qualquer público, é necessário que a comunicação seja eficaz. E, seguindo esse raciocínio, defendemos que o melhor comunicador para atingir esses objetivos é um líder.

A chave para o sucesso de uma organização é a confiança e o respeito mútuo entre líderes e liderados, e a base é uma comunicação de liderança ativa. A comunicação que parte da liderança é fundamental para que se obtenha êxito, principalmente combinado com a escolha do canal adequado, de que e como transmitir a mensagem. Ao observarmos os problemas organizacionais de muitas empresas, podemos verificar que, de algum modo, existe alguma ineficácia na comunicação de suas lideranças.

O líder moderno apresenta uma série de características admiradas por seus liderados que o torna líder de fato; não de direito, por uma imposição de hierarquia, como acontecia no passado. Isso inclui entusiasmo, inteligência, clareza, foco, atitude positiva, proatividade e alto nível de energia. A lista de peculiaridades típicas de um líder pode conter diversas outras qualidades, mas certamente uma imprescindível é a facilidade e a disponibilidade de comunicar.

Como o mundo mudou e a forma de gestão das empresas também, o líder de hoje não é mais somente o chefe que define e supervisiona metas. Ele é a pessoa que motiva, envolve e cativa para, com sua equipe, atingir o objetivo estabelecido. No entanto, todo esse perfil inspirador não será conhecido pelos membros da organização se um bom trabalho de comunicação não for realizado. Por isso, a comunicação não é somente importante para fortalecer e consolidar a imagem do líder, mas também para transparecer esse papel de engajador.

Recentemente, implantamos na Tetra Pak o programa Call to Action. O próprio nome em inglês traduz o objetivo da iniciativa, que se trata de um chamado para a ação. Trata-se do encontro presencial de um ou mais líderes com determinada área da empresa. Além da apresentação de um cenário, de um problema ou de um desafio, o objetivo do evento é envolver todos os colaboradores do grupo, mesmo que eles não tenham relação direta com o assunto em questão. As cinco experiências realizadas em 2012 mostraram que as pessoas são receptivas aos desafios propostos e dedicam tempo e esforços para sugerir soluções. Mais de 3 mil pessoas acompanharam os encontros e, de forma geral, gostaram de participar, opinar e de serem ouvidas, mesmo que não fossem as maiores conhecedoras dos assuntos. Em algumas oportunidades, ideias simples e eficientes surgiram imediatamente após a apresentação. Em outras, projetos completos foram desenvolvidos e sugeridos aos líderes, propondo novos caminhos para o caso.

Assim, novamente, as vantagens brotam nos dois extremos. Os funcionários podem se expor, ao compartilhar suas experiências e trabalhar mais satisfeitos, com a consciência de que estão, de alguma forma, agregando valor ao negócio e que sua organização se importa com o que eles pensam. O líder, por outro lado, conhece melhor sua equipe, pode explorar melhor o capital humano, implantar boas ideias de quem realmente conhece o trabalho, além de contar com uma equipe mais motivada e disposta.

Reforçamos, dessa forma, a teoria de que o que toca e move as pessoas é o poder de serem reconhecidas, ouvidas e de participar, não somente de seguir regras. E nesse clima extinto de hierarquias formais, surge o que há de mais moderno na gestão contemporânea: a cocriação.

Apesar de atualmente o conceito de cocriação ser utilizado por algumas empresas em ações de desenvolvimento de novos produtos que contam com a colaboração dos consumidores, acreditamos que a abertura para esse processo deva começar internamente. Isso porque consideramos ser um fator de diferenciação no mundo competitivo atual, em que tudo muda muito rapidamente; a cocriação mostra-se uma forma de inovação que acontece quando as pessoas, mesmo sendo colaboradores, agregam inovação de valor.

Levando em conta também o conhecimento que os funcionários possuem, por acumularem experiências do cotidiano de suas áreas, é imprescindível que a empresa passe a contar como parte ativa de sua estratégia, de modo que eles não possam mais ser tratados como públicos passivos.

Em contrapartida, os funcionários se interessam em participar desse movimento, ao se sentirem motivados a fazer algo maior que poderiam fazer sozinhos, além de terem a oportunidade de colaborar e compartilhar com os outros que participam de determinada ação de sucesso ou da própria organização. Assim, além do benefício do ponto de vista de incentivo e relacionamento, que cria um vínculo estreito entre o profissional e a empresa, surgem benefícios da perspectiva de produtividade.

Apesar de envolver, engajar e motivar a equipe, o *case* citado, Call to Action, não tem o objetivo principal e direto de um programa de geração de ideias. No entanto, é preciso coordenar a colaboração e saber aproveitar as valiosas opiniões, que surgem justamente pelo conhecimento técnico ou sugestões fora dos padrões.

Assim, além de envolver todos os participantes, o primeiro desafio a ser superado nesse processo de cocriação é a disponibilidade de um canal de comunicação bilateral entre os indivíduos da empresa e a promoção de uma boa relação para ambos os lados. Por isso, além do momento pontual do encontro, é recomendável que se mantenham, por algum meio, a troca e o acesso a informações, conhecimento que permite a efetiva criação de valor. Em outras palavras: todas as informações relevantes e referentes ao assunto tratado devem ser compartilhadas, para se ter transparência na relação entre os envolvidos e criar um sentimento de abertura e confiança de ambos os lados.

A propósito, cabe destacar que transparência é uma palavra de ordem na comunicação, e também por isso, sempre que possível, apostamos no formato do encontro presencial, posicionando os líderes frente a frente com os colaboradores.

Na era das redes sociais, dos blogs corporativos, das videoconferências, da intranet, das *newsletters* e dos fóruns on-line, pode até parecer um pouco antiquado promover um encontro físico. No entanto, diante do resultado deste *case* e de outras ações similares implantadas na Tetra Pak, podemos confirmar que nada substitui os programas face a face.

Isso não significa que todas as outras ferramentas on-line e canais modernos estão descartados. De forma alguma, pois a interatividade e a comunicação por esses meios estão presentes nas grandes organizações e são cada vez mais condições *sine qua non*.

Ao se agendar um encontro, em espaço reservado, com todo material e infraestrutura voltados para a apresentação de determinado tema, o resultado é a criação de um momento único, em que toda energia e concentração dos presentes estão dedicadas ao caso exposto, sem qualquer outra interferência de pessoas, e-mails ou telefonemas.

Assim, mais que comunicar diretamente a mensagem proposta, esse encontro pessoal é uma oportunidade para motivar e garantir que toda a equipe tenha também uma visão de todos os processos, e não somente do processo do qual participa. Nesses momentos, é primordial haver transparência, bem como deve-se utilizar a ocasião para destacar os pontos positivos. A clareza é fundamental para que todos compreendam os motivos e objetivos da abordagem. Assim, é importante traduzir as mensagens utilizando uma linguagem simples e compreensível ao público.

Outro ponto crucial é que o líder esteja pronto para ouvir e entenda que a comunicação não é via de mão única. O ideal, inclusive, é que se crie um ambiente de confiança e segurança para que todos possam contribuir livremente com ideias, *feedbacks*, sugestões.

Todo cuidado nesse contato direto é importante para reforçar que cada colaborador é único e especial em suas virtudes, e que a empresa investe tempo para receber suas sugestões, analisá-las e, se viáveis, pô-las em prática, para que juntos todos possam crescer.

Para se cumprir o cronograma da forma esperada, é necessário que o responsável ou a área de comunicação tome a frente da ação e envolva, em primeiro lugar, o líder. Isso porque, seguindo os preceitos da boa comunicação, o engajamento dos convidados será consequência, uma vez que a informação a ser passada é a estratégia de aproximação entre a organização e seus colaboradores. Em outras palavras, a comunicação deve ser delineada para se obter o comprometimento dos indivíduos, criando ou fortalecendo a confiança entre líderes e liderados.

Assim, o encontro obterá êxito quando o responsável pela organização do evento conseguir transmitir ao líder a importância da comunicação e de se influenciar de forma ética e positiva, para que haja motivação e entusiasmo, com intuito de alcançar objetivos da organização.

Por isso, é fundamental que, além de ter habilidade e disponibilidade para se comunicar, o bom líder tenha a percepção exata da importância desses momentos. Ademais, é função primordial dos responsáveis pela comunicação desenvolver programas customizados para auxiliar o líder nessa tarefa. Além de enfatizar o valor da comunicação entre e com todos os níveis hierárquicos, em todos os sentidos, de cima para baixo e da base para o topo da organização.

Dessa forma, é fundamental manter a comunicação constantemente com os liderados, e não somente em ocasiões especiais ou críticas, como crises, novos desafios etc. Ponderar o momento de cada encontro é importante para evitar que a presença do líder seja exigida para transmitir mensagens que caberiam melhor em um texto ou em um vídeo explicativo. Até porque as ferramentas e meios digitais fazem com que a mensagem oficial da empresa se torne presente em oportunidades que o porta-voz não possa transmiti-la pessoalmente; ainda mais quando se trata de uma empresa multinacional instalada no Brasil – um país com dimensões continentais.

Nossa experiência também mostra que, atualmente, o ideal é que 80% da agenda de um grande CEO seja preenchida com compromissos que estejam de alguma forma relacionados à comunicação. Isso não significa banalizar sua presença na organização ou diminuir sua importância. Pelo contrário, é importante que os colaboradores percebam que a importância dada à comunicação na empresa é um valor incentivado, e o exemplo deve ser dado de cima para baixo. (O que não significa que a comunicação deva seguir somente neste sentido, conforme já relatado.)

A mensagem inicial, que parte do líder, deve sempre refletir a cultura e os valores da empresa; no entanto, o comprometimento pessoal do interlocutor também é exigido. O elo entre o tangível, o que cada indivíduo pode colaborar, com o intangível, os resultados obtidos a longo prazo, deve ser estreitado pelo porta-voz.

É dispensável afirmar que essa comunicação, que deve facilitar o entendimento dos colaboradores de qual é a missão de cada um, precisa ser franca e honesta, ao mesmo tempo que traça os passos e os caminhos a seguir. Manter o comportamento alinhado com as mensagens transmitidas é vital para que o líder seja coerente e confiável.

O insubstituível olho no olho

Apostando no contato direto dos líderes com os funcionários, implantamos na Tetra Pak, há quatro anos, o Café com o Presidente. Trata-se de um encontro realizado para que os colaboradores tenham a oportunidade de estar em contato direto com o presidente da empresa. Mesmo existindo o canal digital "falecom@presidente", acreditamos que nada substitui o olho no olho. Assim, quatro vezes por ano, um grupo de até dez colaboradores, indicados pelo líder de cada área, participam da ação. Sem muitas regras, a área de comunicação abre o encontro informalmente e passa a palavra para o presidente, que inicia solicitando que todos se apresentem, comentem suas funções e desafios na empresa e também forneçam detalhes de sua vida pessoal. Este é um momento único, pois oferece aos presentes a possibilidade de se expor, de falar de si e de compartilhar suas experiências. Em seguida, o presidente fala entre 10 e 15 minutos sobre temas atuais – resultados e metas da empresa, investimentos, desafios a curto e longo prazos. Aqui só vale uma regra básica para o líder: falar pouco e ouvir muito, o que é sempre respeitado.

Os resultados são muito positivos porque nesse formato de evento fugimos do trivial, em que, normalmente, os líderes falam "para" os colaboradores em vez de falar "com" eles. A comunicação unilateral não é incentivada e o diálogo é estimulado durante toda a ação, justamente para haver espaço para a troca de opiniões e ideias.

Nesse encontro não é permitida a presença da área de recursos humanos ou dos superiores diretos dos participantes, justamente para criar um clima de total conforto e sinceridade. Com essa iniciativa, o ambiente é de proximidade e daí surge um laço de confiança, na medida em que as pessoas acreditam e seguem quem ou aquilo que conhecem.

Isso prova a importância da proximidade, uma vez que, para se ter esse sentimento, os colaboradores não querem ler uma mensagem em um veículo impresso ou eletrônico, não querem somente assistir a um discurso ou uma palestra. Querem uma relação direta, fazer perguntas, ouvir respostas.

Neste ponto, tocamos a relação de como os líderes atuam na gestão de pessoas, já que, durante o evento, ele assume o papel estratégico no processo de informação. Utilizando o encontro como oportunidade para transmitir informações sobre o planejamento e a estratégia da empresa, os líderes reforçam sua imagem de conhecedores da visão dos negócios.

No entanto, se o porta-voz demonstrar incapacidade de comunicação, poderá comprometer o engajamento dos funcionários ao reter as informações ou repassar informações incompletas, parciais, contraditórias e inseguras.

Não somente as mensagens transmitidas podem pôr em xeque a imagem ou as informações passadas pelo líder. Em um encontro face a face, a postura do profissional é responsável pela primeira impressão absorvida pelo público. Estudos relacionados à comunicação não verbal estimam que 55% da mensagem é transmitida via linguagem corporal. No entanto, a voz é responsável por 38% dessa percepção, e as palavras, apenas por 7%.

Isso significa que, mesmo que o discurso esteja "afiado" e as palavras e os adjetivos sejam empregados da melhor forma possível, se a voz estiver trêmula, a credibilidade da mensagem pode ser abalada.

Por isso, mais importante que um treinamento ou uma preparação para um encontro com o público é criar o clima de transparência, proximidade e confiança, pois nem tudo precisa ser comunicado face a face; para cada situação existem uma ferramenta e um canal adequados. O principal é que, por mais tecnológico, moderno, interativo e *fun* que seja o meio, em alguns momentos, o contato direto é insubstituível.

No caso do Café com o Presidente, o resultado se mostra sempre muito positivo, e isso se comprova com as mensagens que o próprio Paulo Nigro, presidente da Tetra Pak Brasil, recebe das pessoas que participam do programa, as quais falam sobre o que aprenderam naquelas duas horas e reiteram suas sugestões. Em resumo, esse é outro programa que beneficia todas as partes. Ganha o presidente da empresa, que consegue, em duas horas, compreender o que está motivando ou sufocando os liderados, e isso, por outro lado, gera uma oportunidade imediata para conferir a temperatura da empresa. Ganha, também, o colaborador, com o conhecimento dos objetivos e das estratégias da empresa, e, principalmente, com a troca de experiências e contato pessoal. No entanto, como destacado, para que este seja de fato um programa de sucesso e especial, é essencial que o líder seja inspirador e tenha vontade genuína de ouvir. Um líder tem de demonstrar interesse pelo crescimento das pessoas e investir tempo para obter esse retorno. Apesar das mudanças de perfis entre as gerações de colaboradores, essa postura de líder comunicador deve ser admirada por todos, inclusive, e principalmente, pela geração Y, composta por profissionais nascidos entre 1979 e 1992, que vivenciam a revolução tecnológica, têm como principais ideais a globalização e a diversidade, e são multiculturais.

Assim, é o líder dedicado que vai conseguir, com o esforço, reter talentos, captar novos e encantar gerações futuras. E o trabalho exigido requer apenas atitude, disponibilidade, abertura e vontade genuína de ouvir. Nada de verbas extras, softwares especiais, agências especializadas ou equipes de suporte. Somente dedicação e transparência.

No mesmo formato, em um escalão abaixo, a Tetra Pak também realiza, periodicamente, o Bate-papo com a Gerência. Curiosamente, essa iniciativa surgiu da manifestação dos colaboradores da área de produção sobre a necessidade de estarem mais próximos da gerência de fábrica e terem a oportunidade de expor suas ideias. Com a demanda surgindo da base para o topo, mais uma vez confirmamos nossa teoria de que os colaboradores, independentemente do cargo ou área em que atuem, querem ser ouvidos. E também querem estar diretamente em contato com seus líderes.

Assim, o programa acontece com sucesso, desde 2009, com o objetivo de criar um canal de comunicação mais direto. Cada reunião tem a participação de dez a 15 pessoas e acontece num clima de total informalidade. Cada participante conta um pouco de sua história, e os colaboradores podem esclarecer dúvidas e curiosidades sobre o trabalho e a empresa diretamente com a gerência.

Outra ação interessante é o programa Você Sabia?, que também consiste em apresentações presenciais realizadas pelos diretores-executivos e vice-presidentes a todos os colaboradores, em diferentes horários e turnos. Assim como os outros eventos, o objetivo é estreitar as relações entre liderança e equipes, de forma transparente e direta. No entanto, nessa oportunidade, cabe mais a apresentação de uma área, um novo produto ou uma grande inovação da empresa. Assim, o foco é mais direcionado e os colaboradores têm a oportunidade de conhecer a fundo outro assunto da empresa, normalmente relacionado a seu setor.

Não necessariamente

Apesar da apologia aos programas face a face e do compartilhamento dos *cases* de sucesso de comunicação interna implantados na Tetra Pak, é importante ponderar o fato de que nem tudo precisa ser comunicado pessoalmente. As empresas podem e devem utilizar a internet, a intranet, o e-mail, as publicações impressas e virtuais, bem como o próprio quadro de avisos. É importante ter bom senso e saber que para cada situação existe uma ferramenta e um meio mais adequados. A utilização de todos esses canais é muito recomendada quando a informação é necessária e mais leve. Por exemplo, em nosso dia a dia, aprendemos que todas as informações da empresa precisam estar sempre disponíveis. Para atender a essa demanda, utilizamos a intranet da Tetra Pak, que, além de divulgar notícias relevantes, oferece o canal A Palavra É Sua, pelo qual os colaboradores podem enviar mensagens e sugestões a todos os departamentos da empresa.

Em paralelo, para reforçar os fatos mais importantes do mês, compartilhar fotos de grandes eventos e trazer mais informações de conquistas, etapas e evoluções de cada área da empresa no país, existe a revista bimestral *Tetra Pak acontece*, de distribuição interna, que reúne informações sobre as principais atividades da empresa e é entregue na residência de todos os colaboradores.

Como a Tetra Pak é uma empresa sueca presente em mais de 170 países, também disponibiliza uma publicação impressa global. A *Tetra Pak magazine* é uma revista internacional publicada pela primeira vez em 1956. Desde então, tem sido apoiada e supervisionada pelo nível corporativo da empresa, na Suécia. São publicadas duas edições por ano, disponíveis em nove idiomas, inclusive em português. Neste caso, a publicação, que já chegou à edição número 100, tem o conteúdo mais temático, trazendo assuntos do momento e tendências de mercado.

Para acompanhar a evolução digital, a Tetra Pak também tem conteúdos on-line. A *newsletter Tetra Pak InBox*, criada em junho de 2008, é encaminhada mensalmente a todos os colaboradores e a um seleto *mailing* de clientes, fornecedores, parceiros e jornalistas. O boletim traz informações sobre as principais tendências para a cadeia de valor da produção de alimentos, além de notícias sobre pesquisas, inovações e lançamentos da empresa.

E como não poderia deixar de ser, a Tetra Pak Brasil também mantém um portal (http://www.tetrapak.com/br), como um canal dinâmico permanente, com informações para todos os públicos de interesse. Apresenta dados sobre a empresa e as áreas de negócio, contatos e informações sobre produtos e serviços, meio ambiente, programas e projetos, além de oferecer a página Fale com a Tetra Pak. Uma das maiores demandas desse canal é de visitantes interessados em conhecer os programas ambientais e de reciclagem, frentes em que a empresa é referência no Brasil.

Com esse rápido apanhado, podemos verificar que nem só de comunicação presencial vive uma empresa.

De dentro para fora

Além de conquistar o engajamento dos funcionários e a mudança de cultura na empresa, a implantação dos programas face a face auxiliou a Tetra Pak a encarar a comunicação como uma área estratégica para o negócio e alavancou o desenvolvimento das habilidades de comunicação em suas lideranças. Percebemos que somente por intermédio dos líderes é possível fortalecer o relacionamento entre os colaboradores e a empresa, bem como criar um ambiente em que a gestão do conhecimento e o compartilhamento das informações sejam capazes de gerar a cooperação e o comprometimento dos colaboradores.

O fato de desenvolver competências comunicativas nos líderes para um trabalho interno certamente potencializou a exposição dos mesmos em diversos outros setores. Atualmente, nosso presidente e nossos diretores ocupam cargos em grupos empresariais, associações e organizações. Além disso, são frequentemente convidados como *speakers* para participarem de eventos, convenções, palestras e seminários, promovendo, também, a comunicação externa e boa imagem e reputação da empresa. Certamente, o modo como se comunicam, agem em momentos de explanações e, principalmente, se relacionam com seu público-alvo é um diferencial e chamariz.

Essa constatação conclui que, além de benefícios intangíveis internos, o executivo que pratica e valoriza a comunicação de fato terá como retorno muito mais que promoção e prestígio pessoal e profissional: será reconhecido e admirado como um verdadeiro líder.

NATURA: COMUNICAÇÃO INTERNA[1]

Renata Barbosa

> *Pela comunicação as pessoas compartilham experiências, ideias e sentimentos. Ao se relacionarem, influenciam-se mutuamente e, juntas, modificam a realidade onde estão inseridas.*
> **Juan E. Díaz Bordenave**

A humanidade vive hoje um período de transição. Sobram questionamentos sobre o futuro de nossas relações em todos os aspectos: social, ambiental, econômico, cultural. E, como habilitadora de qualquer relação, a comunicação também tem passado nos últimos tempos por grandes transformações, na busca de soluções para um futuro incerto, que, a cada dia, parece-nos mais próximo.

Ao longo deste estudo, temos o privilégio de ver a abordagem profunda e contundente de um grupo de especialistas sobre o contexto da sociedade e os principais desafios da comunicação interna hoje.

Neste caso, em especial, trazemos esse assunto para a prática, buscando evidenciar o contexto e os desafios vividos hoje pela Natura, marca brasileira líder em seu segmento e com uma perspectiva de crescimento internacional em evidência nos últimos anos.

---

[1] Colaboraram neste estudo Ana Luiza Alves, Diretora de Marca e Cultura da Natura, e Newton Branda, Gerente de Cultura da Natura.

Comunicação Interna na Natura

Para iniciarmos a reflexão, propomos, antes de mais nada, alinharmos nosso entendimento sobre o que é comunicação interna para a Natura.

> **COMUNICAÇÃO**: do latim *communicatio*, "ato de repartir, de distribuir", literalmente, "tornar comum", de *communis*, "público, geral, compartido por vários". Parente de "comunhão".
> **INTERNA**: inter – "entre"; adjetivo – "de dentro".
> **NATURA**: entre – feita por/para aqueles que fazem parte da Natura. Dentro da Natura – em todos os locais onde os colaboradores estão presentes.

Para a Natura, a comunicação interna é o principal ponto de contato da marca com o colaborador. Tem papel fundamental de contribuir para construção da relação colaborador-empresa, assim como de reforçar caminhos e significados comuns, que informam e orientam ações e comportamentos, sempre buscando o alinhamento à essência, à estratégia e à cultura desejadas pela empresa.

Feito esse primeiro alinhamento conceitual, vamos voltar um pouco ao passado e percorrer o caminho da área de Comunicação Interna na estrutura organizacional da Natura. Com este repertório – conceito + histórico – acreditamos que os desafios que serão aqui apresentados poderão ser mais bem compreendidos e analisados.

A história

A Comunicação Interna na Natura teve início formalmente em 1991, logo após um dos momentos mais importantes de nossa história. Em 1989, foi realizada a fusão das quatro pequenas empresas que compunham o chamado "Sistema Natura" e, finalmente, feita a escolha pela construção de uma marca única, a marca Natura.

Os anos que se seguiram foram pautados por importantes reflexões e definições, que resultaram, em 1993, na formalização de uma filosofia empresarial, chamada Essência Natura – conjunto de nossa Razão de Ser, Crenças, Visão –, que é a base de tudo o que hoje conhecemos como Natura. Durante esse período de ebulição de nossos conceitos, foram lançadas importantes submarcas, como Chronos e Mamãe e Bebê, que reforçam nossas crenças e ainda hoje são legítimas expressões da nossa marca.

Com uma gestão fragmentada entre as áreas de Recursos Humanos, Assuntos Corporativos e Marketing, a Comunicação Interna atuava na época com foco informativo e relacional. Precisava, ao mesmo tempo, apresentar as mudanças ocorridas na estrutura da empresa, apoiar os aproximadamente 1.800 colaboradores com conteúdos relacionados ao dia a dia de seu trabalho e inspirá-los a vivenciar a Essência, que acabara de ser explicitada.

Para suportar este desafio, em 1991, foi criado o primeiro veículo de comunicação interna. Um informativo interno chamado *Jornal Essência*, que trazia editoriais assinados pelo presidente, a participação de um comitê multidisciplinar na coordenação editorial, espaço para diálogo com leitores e notícias de todos os sites da empresa.

De 1994 a 1997, tivemos o primeiro grande marco de crescimento da Natura. Nesse período, a empresa assumiu a responsabilidade social corporativa como estratégia do negócio e concentrou seus esforços na obtenção de um nível superior de excelência em gestão.

Com a profissionalização dos negócios, em 1997, o informativo interno passou a se chamar *Nosso Jornal* e começou a contar com editoriais assinados também por diretores da empresa. Nesse mesmo ano, foi lançado um novo veículo de comunicação chamado TV na Praça. Voltado especialmente ao público operacional, abordava temas como segurança do trabalho, qualidade de vida, meio ambiente e eventos.

Em 1998, iniciamos o período de preparação para um novo grande marco em nossa história. Foi criado o conselho de administração e também projetos habilitadores para um novo ciclo de desenvolvimento: uma nova logomarca (nossa logomarca atual), a submarca Natura Ekos e a construção de uma nova sede da empresa, em Cajamar (SP), capaz de traduzir os principais valores da marca em sua dinâmica e estética.

Nesse mesmo ano, foi lançado o primeiro mural de notícias da Natura, chamado "Boca no trombone", que reforçava a importância de aumentar a formalização de informações sobre a empresa para os cerca de 3 mil colaboradores que com ela se relacionavam.

Em 1999, a comunicação interna passou a se organizar de forma mais estruturada. O jornal interno foi atualizado e passou a se chamar *Ser Natura Colaborador*, em linha com publicações realizadas também para outros públicos da empresa, como consultoras (*Ser Natura Consultora*) e o próprio consumidor (*Ser Natura Consumidor*). Além da atualização do nome, o jornal também passou a contar com seções fixas em seu projeto editorial, assumindo um perfil mais profissional na redação das matérias.

O mesmo nome do jornal foi adotado também para os e-mails, um novo veículo de comunicação, que, assinados pelos fundadores, transmitiam informações de forma ágil aos colaboradores.

Por último, foi lançada a intranet Natura, um espaço virtual inovador para a época, que trazia mais detalhes sobre todas as notícias publicadas no mural, além de atuar como um banco de informações de RH e de outros programas da empresa.

O ano de 2000 é reconhecido como o marco de um novo ciclo na Natura, com o lançamento da nova logomarca e da assinatura "Bem estar bem", bem como o lançamento da submarca Natura Ekos, que reforça e explicita valores fundamentais para a marca, como desenvolvimento sustentável, biodiversidade, brasilidade e inovação.

Nesse momento, as atividades de comunicação interna, antes dispersas entre as áreas de Recursos Humanos e Marketing, são integradas na nova Diretoria de Assuntos Corporativos, que passa a concentrar as áreas de Relações com a Imprensa, Apoios e Patrocínios, Comunicação Interna e Relações Governamentais. Nessa nova estrutura, a área de Comunicação Interna se consolida como prestadora de serviços e passa a ter uma atuação mais reativa às demandas internas, contando com parceiros externos para a produção de materiais.

De 2001 a 2003, todos os esforços da Natura foram concentrados em dois temas centrais: biodiversidade e sustentabilidade. O modelo de gestão da empresa passou a ser pautado na sustentabilidade: a biodiversidade brasileira foi assumida como plataforma tecnológica, foi realizada a inauguração da nova sede – o Espaço Natura em Cajamar –, os indicadores GRI passaram a ser adotados no relatório anual. Conquistas que deram início às preparações para abertura de capital.

Com tantas novidades ocorrendo na empresa, a comunicação interna também se atualizou. O mural interno foi atualizado e passou a se chamar "Ser Natura Colaborador", buscando uma unidade com os demais canais de comunicação. Foram criados os "murais de área", para setores e espaços que necessitavam de comunicação frequente e específica para determinados públicos da empresa, como fábricas, RH, clube, educação. Para o público operacional especificamente, atendendo a uma necessidade de fomentar e orientar a comunicação face a face entre líderes e equipes nas fábricas, foram lançados o programa Face a Face, uma série de workshops sobre comunicação para a liderança, e o "Em Primeira Mão", um boletim, enviado por e-mail, com os assuntos que precisavam ser comunicados e as orientações básicas sobre como fazê-lo.

Os anos que se seguiram marcaram o segundo grande marco de crescimento da Natura. Em 2004, ocorre a abertura de capital na Bolsa de Valores de São Paulo (Bovespa), e, entre 2005 e 2006, é iniciada uma etapa de internacionalização mais contundente, com o início das operações na França e no México. Alessandro Carlucci assumiu a presidência e os três fundadores deixaram a gestão direta, passando a ocupar o papel de copresidentes do conselho de administração da empresa. Nesse período, a Comunicação Interna fortalece seus processos, mantendo uma atuação reativa às demandas internas, mais fortemente ligadas às áreas relacionadas à gestão de pessoas.

Em 2007, a Natura fortalece sua estratégia de internacionalização, oficializa sua proposta de valor e inaugura uma nova fábrica em Benevides (PA), com cerca de cinquenta colaboradores. Em 2008, passa por uma reestruturação organizacional que resulta na descentralização da tomada de decisão e no início de um modelo de gestão por processos.

Nesse contexto, a área de Comunicação Interna passa a ter uma atuação mais estratégica, porém ainda com foco no suporte à gestão organizacional. Fica mais próxima da liderança e do negócio e estabelece um processo formal de comunicação com os colaboradores que, entre outras coisas, resulta no lançamento de três novos veículos de comunicação: o "Ser Natura Gestor" e o "Ser Natura Liderança"; o "Pilar Office"; e o "Canal Natura".

Seguindo a lógica do boletim "Ser Natura Colaborador", o "Ser Natura Gestor" e o "Ser Natura Liderança" são criados a partir de uma necessidade de segmentação do público para disseminação de determinadas informações na empresa. Dessa forma, gestores e liderança passaram a ser informados com exclusividade e orientados nos casos de comunicação face a face.

O *Pilar Office*, um jornal de circulação interna e periodicidade quinzenal, concebido, produzido e destinado ao público operacional, surgiu de uma demanda dos colaboradores de operações e logística (O&L) e, durante dois anos, foi elaborado por um profissional escolhido pela própria área, contando com a participação de colaboradores em sua produção. Em 2010, o veículo foi assumido editorialmente pela Comunicação Interna, passando por uma revisão gráfica e editorial, porém mantendo a essência de sua criação: é feito por/para os colaboradores do operacional.

O "Canal Natura" é um canal de TV interno lançado para humanizar a comunicação interna. Com propósito jornalístico, era um espaço para ouvir o colaborador e os conteúdos não passavam pela aprovação das áreas clientes.

De 2007 a 2011, a Natura praticamente dobrou de tamanho. Em 2009, contando com cerca de 6 mil colaboradores, realizou uma pesquisa para formalizar um diagnóstico sobre a cultura organizacional da empresa. Com o resultado em mãos, iniciou o que chamamos de Projeto Cultura, com foco em evoluir a cultura para construir os alicerces da nossa visão de futuro, mantendo e reforçando a essência da empresa.

Em 2010, com a evolução do Projeto Cultura e do próprio conhecimento da empresa sobre o tema, a área de Comunicação Interna passa a ser reconhecida como instrumento de expressão e construção de cultura. A área deixa, então, a Diretoria de Assuntos Corporativos e passa a responder diretamente ao projeto.

Em 2011, o Projeto Cultura se encerra e o tema "Cultura" passa a ser representado por uma área que, juntamente com Comunicação Interna, migra para a Diretoria da Marca, onde permanecem até hoje na estrutura da Natura.

Desafios atuais

Para a Natura, marca abrange um sentido amplo. É mais que um nome, um símbolo. Marca para a Natura é cultura. É tudo o que fazemos associado a como fazemos. É a conjunção de uma ética e uma estética, que, juntas, geram a percepção de valor. E, nessa equação, quanto maior a coerência, maior o valor.

Responsável pela gestão de valor da marca Natura, a Diretoria da Marca tem como missão inspirar, traçar diretrizes, capacitar e engajar colaboradores e parceiros para garantir a coerência entre o que pensamos, falamos, sentimos e o que fazemos na Natura. Com *report* direto ao CEO, é hoje composta por 19 colaboradores divididos em quatro núcleos de atuação: Estratégia de Marca, Expressões de Marca, Cultura e Comunicação Interna.

Desde 2011, quando começou a fazer parte da Diretoria da Marca, a área de Comunicação Interna iniciou uma reflexão sobre seu papel dentro da organização. Mais que gerenciar veículos de informações e notícias, a área agora precisava atuar como verdadeira ferramenta de expressão e alinhamento de marca e cultura.

Hoje, a área tem como principais focos de atuação a informação e a relação. Sua proposta não é apenas a de compartilhar o que a marca quer dizer ou o que o colaborador precisa saber. Sua missão é também promover relações, assumindo o amplo sentido da comunicação: um instrumento de socialização, uma ferramenta coletiva, dedicada a criar conexões.

Assim, mais que disseminar informações e promover relações, a comunicação interna representa diariamente a marca Natura. É via comunicação interna que a marca se expressa com maior frequência. É onde a marca pratica de forma mais dinâmica e desafiadora sua linguagem, vivendo todos os dias o exercício de adaptar sua estética e tônica a diferentes assuntos, em múltiplos formatos e para um público de variados perfis e interesses.

E é nessa mistura de controle e imprevisto, no encontro de diretrizes com um contexto vivo e repleto de variáveis, que se manifesta com mais evidência a cultura criada em torno da marca Natura. É por meio da comunicação interna que a Natura enfatiza o que é valor e compartilha significado junto ao público colaborador.

Para suportar essa atuação, a Natura conta hoje com alguns veículos de comunicação interna que são os meios pelos quais os conteúdos chegam até o colaborador. Cada veículo detém características particulares, e a escolha de sua utilização em uma comunicação está intimamente ligada a fatores como: o tipo de conteúdo que será passado, a forma como o colaborador acessa o veículo, a linguagem que se deseja utilizar e o potencial de interação entre emissor e receptor.

Veículos de comunicação interna

1. *Mural*: com foco informativo, aborda temas gerais da organização, com destaque para o que o colaborador não pode deixar de saber.

2. *E-mail* ("Em Primeira Mão"): com foco informativo, é utilizado para comunicações que merecem um tratamento diferenciado e/ou requerem agilidade. Ainda hoje, mantém a segmentação por público apresentada no histórico – liderança, gestores, colaboradores.

3. *TV* ("Canal Natura"): com foco relacional, é utilizado para humanizar as comunicações. Traz as pessoas, as histórias dos colaboradores. Também é empregado para reforçar campanhas e movimentos realizados internamente.

4. *Wallpaper*: com foco informativo, é o veículo de maior impacto, já que atinge todos os colaboradores. É utilizado como apoio para campanhas internas.

5. *Intranet*: com foco informativo, concentra todas as comunicações realizadas. Apesar de ser tecnologicamente ultrapassada, é funcional, sendo o veículo mais acessado pelos colaboradores.

6. *Pilar Office*: jornal quinzenal voltado ao público operacional e com foco relacional. Prioriza essencialmente o que os colaboradores querem saber, considerando em seu processo a participação do próprio público na sugestão das pautas de cada edição.

7. *Encontros gerenciais*: encontros trimestrais do grupo gerencial, liderados pelo CEO. Com foco informativo e relacional, é um espaço para promover encontros, compartilhar resultados e celebrar conquistas, bem como orientar objetivos de curto prazo.

A Natura está vivendo atualmente um novo ciclo. Passamos por uma nova reestruturação de nossos processos e estrutura, formalizamos a compra da Aesop – empresa australiana de cosméticos –, e renovamos nossa visão de futuro. Todas, alterações significativas em nosso macrossistema que imprimem para a comunicação interna novos desafios, ainda sem respostas muito concretas.

No momento, estamos em fase de aprovação do que chamamos internamente de "Book da Comunicação Interna": um documento que busca estruturar pensamento, processos e práticas da comunicação interna da Natura, considerando, entre outros elementos, seu contexto, histórico, *insight*, atributos, linguagem e arquitetura. Muito do que foi aqui apresentado é fruto das reflexões feitas por todo o time durante os últimos anos para a construção deste material. No entanto, por estarmos exatamente nesta fase de aprovação, muito também ficou de fora.

Está tudo registrado, prestes a ser vivido e experimentado. Esperamos que, em uma próxima oportunidade, possamos compartilhar uma nova fase da comunicação interna da Natura, que está prestes a ganhar corpo e a qual estamos ansiosos por conhecer.

A Natura

A Natura nasceu, em 1969, de duas paixões: a cosmética e as relações. Desde então, buscamos proporcionar o "bem estar bem" – expressão que traduz nossa razão de ser: promover uma relação harmoniosa e agradável do indivíduo consigo mesmo, com o outro, com a natureza da qual faz parte e com o todo.

Atuamos no setor de higiene pessoal, perfumaria e cosméticos, e, desde 1974, adotamos a venda direta como modelo comercial. Dessa maneira, nossos produtos chegam aos consumidores por meio de uma rede de 1,4 milhão de consultoras e consultores Natura (CNs) no Brasil e no exterior.

Para apoiar esse canal de vendas, contamos com quase 7 mil colaboradores que atuam no Brasil, em nossa sede administrativa, em Cajamar (SP), em dois prédios administrativos em São Paulo e em cinco escritórios comerciais – Salvador (BA), Campinas (SP), Alphaville (SP), Rio de

Janeiro (RJ) e Porto Alegre (RS) –, além de nossas fábricas e Centros de Pesquisa e Tecnologia em Cajamar e em Benevides (PA) e oito Centros de Distribuição no País.

Temos também forte presença na América Latina, onde atuamos da sede regional em Buenos Aires, na Argentina, que coordena as operações no Chile, na Colômbia, no México e no Peru. Por meio de distribuidores locais, nossos produtos também chegam à Bolívia.

Contamos ainda com uma operação própria e um centro avançado de tecnologia em Paris (França), onde desenvolvemos pesquisas de novas tecnologias, atentos a tendências e avanços na área da beleza e do bem-estar.

No Brasil, somos marca líder no setor de Consumer Fragrances and Toiletries (CF&T)[2] com 23% de participação de mercado e com altos índices de preferência de marca pelos consumidores: 89% revelam intenção de comprar nossos produtos e 68% efetivamente adquiriram produtos de nossa marca.

Na América Latina, o mercado segue em crescimento com taxas superiores à média global, e a Natura, com evolução acima de 30% ao ano, continua ampliando sua participação e a preferência de marca em todos os países onde atua.

---

[2] Tradução livre: "Consumo de fragrâncias e produtos de higiene".

ROTEIRO PARA ANÁLISE DA FACE

Marlene Marchiori

O Grupo de Estudos Cultura e Comunicação Organizacional (Gefacescom),[1] cadastrado no CNPq, nasceu em 2003 na Universidade Estadual de Londrina (UEL).

Um dos maiores desafios organizacionais da atualidade concentra-se, primeiramente, em sua instância interna. Cada organização é única, assim como é o ser humano, com sua cultura peculiar, seus valores, sua forma de ser e ver o mundo. Somos testemunhas de que as organizações são compostas essencialmente de pessoas e sabemos que são elas que fazem, que arquitetam, que realizam e que constroem autenticidade nos relacionamentos. O desvelar das faces da cultura e da comunicação organizacional instiga o conhecimento desses ambientes, em seus processos, práticas, estruturas e relacionamentos.

O Gefacescom, ao desenvolver pesquisas teóricas sobre a temática, identificou que os estudos poderiam ir muito além do entendimento da cultura como visão, missão e valores nas organizações. Assim, desvendou e identificou diferentes faces, que possibilitam o conhecimento das realidades organizacionais, com linguagem e conteúdo próprios, sendo inter-relacionadas com a perspectiva de análise da cultura e da comunicação organizacionais. Um roteiro com sugestões de perguntas, adaptável para a análise de cada estudo temático, pode orientar o desenvolvimento de trabalhos nesse campo

---

[1] Disponível em: <http://www.uel.br/grupo-estudo/gefacescom>. Acesso em: 16 set. 2013.

específico e em seus relacionamentos. O roteiro pode ainda fazer crescer o nível de questionamentos, explorando em maior profundidade as diferentes faces, de acordo com a realidade observada na organização estudada, emergindo possibilidades de estudos que revelem interfaces e novas faces.

Nos volumes da coleção *Faces da cultura e da comunicação organizacional* encontram-se diferentes roteiros, totalizando mais de setecentos questionamentos.

Agradecemos a participação dos alunos de iniciação científica do Gefacescom, dos pesquisadores colaboradores Regiane Regina Ribeiro e Wilma Villaça e dos colegas: Fábia Pereira Lima, Leonardo Gomes Pereira, Márcio Simeone, que, com seus conhecimentos sobre campos específicos, colaboraram no desenvolvimento dos roteiros.

Liderança e poder

1. Você considera que na organização as pessoas têm habilidade para conduzir suas ações no sentido de influenciar outras pessoas a seguirem suas diretrizes? Em caso afirmativo, como funciona essa relação?

2. As pessoas criam seu ambiente de trabalho e suas relações. Com base nessa afirmativa, e de forma geral, você diria que a liderança é autocrática ou democrática?

3. Os líderes exercem influência no comportamento da organização? Em caso afirmativo, de que forma?

4. Como você se define como líder? Fale especificamente em relação à sua forma de condução da liderança.

5. Você se considera um líder? Em caso afirmativo, de que forma exerce sua liderança nessa organização? Como você é reconhecido/identificado como líder?

6. Como os relacionamentos líder/liderados ocorrem na organização?

7. Pense na liderança informal. Como essa pode ser caracterizada na organização? Há setores em que se identifica maior presença?

8. Quais as consequências quando ocorrem eventuais disputas entre departamentos?

9. Qual a interferência dessas disputas nos processos de desenvolvimento da organização?

10. Na organização há momentos que alguns grupos julgam-se melhores que outros? Em caso afirmativo, o que ocorre nessas situações?

11. Como se processa a tomada de decisão? Há centralização da informação e, consequentemente, da tomada de decisão? Em caso afirmativo, qual a participação de cada público durante o processo (centralizado/descentralizado)?

12. Qual a dependência da organização em relação aos líderes quando pensamos em eficácia?

13. Como você avalia o comprometimento das lideranças para com a organização? Qual o grau de motivação dos líderes em relação à organização?

14. Quando se fala em metas, como os líderes se relacionam com seus liderados? Como a eficiência de cada área é avaliada?

15. Quem responde pelo processo de controle é o líder ou há decisão coletiva no relacionamento líder/liderado? De que forma o líder conduz esse relacionamento?

16. Como se processa a comunicação dos líderes com seus liderados (oralmente, memorandos etc.)? De que maneira você avalia essa função na organização?

17. As lideranças atuam no sentido de alinhar o pensamento estratégico da organização a seus liderados? Em caso afirmativo, de que forma?

18. Especificamente em relação à comunicação entre líderes e liderados, você vê alguma resistência nesse processo? Em caso afirmativo, o que sugere para diminuí-la?

19. Quais elementos você considera fundamentais para que o líder consiga ser ouvido?

20. Você percebe haver diálogo nessa organização entre líderes e liderados? Em caso afirmativo, como o diálogo é construído?

21. Você identifica comportamentos pessoais que são valorizados na organização?

22. Existência de comportamentos e atitudes repudiados pela organização. Com base nessa afirmativa, como proceder em caso de algum membro da organização apresentar esse comportamento?

23. Você entende que na organização o gerente exerce a função de líder? Em caso afirmativo, em sua opinião, como a função do líder é construída?

24. Como se dão as relações entre as próprias lideranças?

25. Para o exercício do poder, quais elementos as pessoas levam em consideração na organização?

26. Que elementos, materiais ou simbólicos, são percebidos como indicativos de quem detém o poder na organização (posição no organograma, sala, salário, informações, trajes, placa na porta, horário de trabalho, benefícios etc.)?

27. Que tipo de elementos você acredita que exerçam poder na empresa?

28. Como se apresenta a relação entre liderança e poder na organização?

29. Há algum ponto específico sobre liderança e poder que você gostaria de relatar? Sinta-se à vontade, pois, às vezes, quando paramos para refletir e conseguimos entender alguns processos internos, é importante oportunizar o espírito de mudança frente a eles.

Comunicação interna

30. Você acredita que a comunicação facilita a execução das práticas e dos processos na organização? Em caso afirmativo, como?

31. Como você vê a comunicação praticada pela organização? Ela é mais oral ou escrita?

32. Se oral, o que você considera mais importante em relação ao OUVIR na organização?

33. Se escrita, quais são os veículos? Como se processa a comunicação entre as pessoas?

34. Existem barreiras de comunicação na organização (pessoais, administrativas, excesso e sobrecarga de informações, bem como informações incompletas e parciais)?

35. Quais são as barreiras que geralmente impedem de prestar atenção à fala de alguém?

36. Existe algum método ou processo para diminuição das barreiras da comunicação? Em caso afirmativo, relate processos que são desenvolvidos com base em sua experiência.

37. Em relação aos fluxos de comunicação, de que maneira se processa a comunicação?

a. **Descendente:** alta administração para os funcionários.

b. **Ascendente:** dos demais funcionários para a alta administração.

c. **Horizontal:** entre pessoas do mesmo nível hierárquico.

d. **Transversal:** em todas as direções.

38. Existe um fluxo que prevalece mais que outro na organização?

39. Se do tipo descendente, você considera a comunicação de sua organização extremamente formalizada?

40. A organização trabalha a comunicação interna? Em caso afirmativo, de que forma? Em caso negativo, por quê?

41. Como a comunicação interna é planejada?

42. O que fundamenta a comunicação interna e suas relações?

43. O que a organização entende por comunicação interna? E, para você, o que é comunicação interna?

44. Para você, qual a função da comunicação interna na organização?

45. Qual grau de importância a organização credita aos processos de comunicação interna?

46. A comunicação interna promove a existência de canais claros e abertos em todos os níveis da organização? Em caso afirmativo, de que forma?

47. Você acredita que esses canais são úteis para a obtenção de maior comprometimento dos funcionários e para a realização de objetivos organizacionais e coletivos?

48. Quais são os pontos fortes e fracos da comunicação interna?

49. A comunicação interna praticada pela organização privilegia a interação social? De que forma?

50. A comunicação disponibiliza acesso à voz por meio de práticas democráticas e participativas? Em caso afirmativo, como ocorre?

51. Quais são os canais utilizados pela organização para o estímulo da comunicação interna?

52. De que maneira os relacionamentos entre as pessoas são conduzidos na organização?

53. Quais comportamentos são aprovados?

54. E quais comportamentos são reprovados?

55. Como se dão os relacionamentos internos em nível de interação? (É fundamental deixar claro o conceito de interação para os entrevistados.)

56. Quais são as ferramentas utilizadas para a busca de interação entre os departamentos?

57. E para os relacionamentos internos em nível de comunicação?

58. Se falarmos em influência interpessoal, como se processam os relacionamentos?

59. Considerando o nível de interação entre os grupos, como se processam esses relacionamentos?

60. De que maneira os relacionamentos afetam a formação da cultura organizacional?

61. Existe diferença notória entre os diferentes níveis organizacionais em relação à circulação de informação e comunicação na organização?

62. Há diálogo na organização? Em caso afirmativo, a organização estimula sua produção?

63. Como o diálogo ajuda ou melhora a comunicação interna?

64. De que maneira o diálogo vem sendo conduzido? Ele é estimulado pelos líderes ou por todos os funcionários da organização?

65. Como a organização possibilita a participação das pessoas no processo decisório?

66. A participação é valorizada pela organização?

Toda organização se modifica por suas experiências. Portanto, podemos afirmar ser fundamental na organização a abertura para novas experiências, o que possibilita a troca de conhecimento entre os indivíduos e, consequentemente, os grupos. Para nós, pesquisadores, a comunicação tem como função a produção de conhecimento.

67. Diante dessa perspectiva, você considera que, em sua organização, a comunicação assume esse papel estratégico? Discorra a respeito.

68. Em sua opinião, a postura estratégica da comunicação em sua organização contribui para a atribuição de significados, tornando-se mais eficaz? Discorra a respeito.

69. Você acredita que o processo de comunicação – visto sob a perspectiva de construção de significados – é o que forma a cultura de uma organização? Em caso afirmativo, como? Em caso negativo, por quê?

70. Como a comunicação colabora na construção da cultura da organização?

71. Considerando a realidade diária vivenciada pela organização, você diria que há divisão marcante entre os departamentos? Chega-se a valorizar uma área em detrimento de outra?

72. Você nota a presença de subculturas organizacionais? Onde estão localizadas? Forneça exemplos de subculturas.

73. As subculturas estão em conflito ou em harmonia com a cultura dominante? Qual seria a cultura dominante nessa organização? Como ela se manifesta?

74. Mesmo havendo subculturas, em momentos decisivos a cultura dominante é a que prevalece? Em caso afirmativo, cite exemplos.

75. Como a eficácia da comunicação interna é avaliada em sua organização? Por quais mecanismos?

76. Quais os pontos fortes da comunicação interna?

77. Quais os pontos fracos da comunicação interna?

78. Em relação à comunicação interna, você a considera eficiente? Em caso afirmativo, qual é sua opinião sobre a comunicação interna realizada em sua organização?

79. O que considera caminhos para melhorar a comunicação interna?

Veículos de comunicação

80. A organização tem veículos de comunicação interna?

81. São gerais ou segmentados?

82. Quais são as abordagens que esses veículos priorizam?

83. Especifique o veículo e sua respectiva abordagem.

84. Qual é a função real dos veículos de comunicação?

85. Como são levantadas as informações divulgadas nos veículos?

86. O veículo causa alguma expectativa nos públicos? Quais?

87. Além do (*cite um dos veículos que a organização tem*), quais são os demais veículos de comunicação?

88. Você considera esse meio indispensável? Por quê?

89. Como os veículos são avaliados?

90. Quais são os veículos que a organização prioriza no processo de comunicação face a face?

Comunicação face a face: conversa, diálogo, entrevistas, reuniões, palestras, encontros com o presidente face a face, comitês.

91. Identifique os veículos face a face praticados na organização e comente sobre eles.

92. Quais são os objetivos do uso de veículos de comunicação face a face?

Redes de comunicação formal e informal

93. Como se processa a rede formal na organização? Cite exemplos.

94. Como avalia a comunicação formal?

95. Qual a validade do sistema de comunicação formal?

96. Você diria que a comunicação formal é eficaz para a organização? Como?

97. Você acredita que a comunicação formal facilita a existência da comunicação informal?

98. O que pode ser considerado como vantagens da comunicação formal?

99. E quais são os aspectos negativos?

100. E em relação à comunicação informal? Como é vista na organização?

101. Qual é seu conceito?

102. De que forma a rede informal "acontece" na organização?

103. Existe algum mecanismo de controle da rede informal?

104. Avalie a comunicação informal de sua organização e o quanto é valorizada pelas pessoas.

105. Quais são as vantagens da comunicação informal?

106. Você vê aspectos negativos na comunicação informal? Quais?

107. A organização valoriza a rede informal? De que forma?

108. Considere as duas redes de comunicação. Qual delas tende a ser mais utilizada na organização e em quais situações?

Impressão	Sermograf Artes Gráficas e Editora Ltda. Rua São Sebastião, 199 Petrópolis, RJ

*Esta obra foi impressa em offset 75g/m² no miolo,
cartão 250g/m² na capa e no formato 16cm x 23cm.*

Abril de 2014